Otros libros de Ken Blanchard

EL MÁNAGER AL MINUTO (con Spencer Johnson)

EL MÁNAGER PUNTUAL Y CERTERO

EL NUEVO MÁNAGER AL MINUTO (con Spencer Johnson)

EL AUTOLIDERAZGO Y EL EJECUTIVO AL MINUTO

UN LÍDER COMO JESÚS

GUÍA A TU FAMILIA COMO LO HARÍA JESÚS (con Phil Hodges)

LIDERANDO CON AMOR (con Colleen Barrett)

LAS 3 CLAVES PARA EL EMPOWERMENT (con Alan Randolph)

UN SERVICIO LEGENDARIO (e-book)

AYÚDELE A LA GENTE A GANAR EN EL TRABAJO (con Gary Ridge)

LA COLABORACIÓN COMIENZA CON USTED (e-book)

MISIÓN POSIBLE (con Terry Waghorn)

LIDERAZGO INTELIGENTE

EL FACTOR GENEROSIDAD (con S. Truett Cathy)

LIDERAZGO AL MÁS ALTO NIVEL

¡BIEN HECHO! (con Thad Lacinak)

A TODO VAPOR

EL MULLIGAN

¡CHOCA ESOS CINCO!

EL REFUGIO MÁS CÁLIDO Y SEGURO (con Phil Hodges)

EL SECRETO: LO QUE LOS GRANDES LÍDERES SABEN… ¡Y HACEN!
        (con Mark Miller)

CLIENTES INCONDICIONALES

LA PÍLDORA DEL LIDERAZGO (con Marc Muchnick)

¡SABER Y HACER!

CLIENTEMANÍA (con Jim Ballard y Fred Finch)

¡CIERRE LAS BRECHAS!

Mentoría
al
MinutO

Mentoría al Minuto

Cómo encontrar y trabajar con un mentor y por qué se beneficiaría siendo uno

KEN BLANCHARD

CLAIRE DIAZ-ORTIZ

HarperCollins *Español*

Editora en Jefe: *Graciela Lelli*
Traducción: *Belmonte traductores*
Adaptación del diseño al español: *Grupo Nivel Uno, Inc.*

ISBN: 978-0-71807-472-2

Impreso en Estados Unidos de América
17 18 19 20 21 LSC 6 5 4 3 2 1

Contenido

PARTE II

Una nota para los lectores

MENTORÍA *al minuto* es una parábola de ficción sobre el poder de encontrar, o de ser, un mentor. Quizá ha tenido preguntas sobre el título. ¿Por qué *Mentoría al minuto*? Porque hemos descubierto que el mejor consejo que jamás dimos o recibimos se dio en menos de un minuto. En otras palabras, la guía que realmente marcó una diferencia no llegó en forma de teorías largas y complejas, sino en forma de ideas breves y significativas.

Introducción

¿**S**E siente menos que seguro acerca de cuál es el camino hacia adelante en su carrera profesional? ¿Se pregunta si realmente tiene lo necesario para alcanzar sus metas? ¿Se pregunta cuáles deberían ser sus metas? Entonces quizá es momento de que encuentre un mentor.

Tal vez respondió todas las preguntas anteriores con un sonoro «¡No!». Si es así, quizá sea el momento de que usted *se convierta* en mentor.

El Salón de la Fama de los Negocios está lleno de los nombres de personas que descubrieron que encontrar un mentor marcó toda la diferencia a la hora de alcanzar el éxito, al igual que de nombres de líderes que lograron grandeza al ser mentores de otros. Usted puede estar en esa buena compañía.

La mayoría de personas están de acuerdo en que tener un mentor es bueno, pero no saben cómo encontrar uno o hacer uso de uno; y aunque están de acuerdo en que *ser* mentor es bueno, no piensan que tienen el tiempo o las habilidades para hacerlo.

Por eso escribimos este libro: para dar a los lectores conocimiento sencillo y herramientas prácticas para encontrar y hacer uso de relaciones de mentoría.

Independientemente del tipo de mentoría en el que se implique, sea con un nuevo contratado en el trabajo, entre iguales, de adulto a adolescente o intergeneracional, sabemos que puede transformar de modo positivo no solo su vida, sino también las vidas de otros.

¿Qué es la mentoría intergeneracional? Es cuando una persona joven se empareja con otra persona mayor, de modo que ambos puedan aprender y crecer. Ken es un experto en liderazgo que tiene setenta y tantos años, y Claire es una exejecutiva de Twitter que tiene treinta y tantos, y eso hace que seamos un ejemplo viviente de las lecciones que enseñamos. Mediante nuestra propia colaboración de mentoría, y por medio de otros, hemos experimentado personalmente el poder transformador de esta práctica. Dicho eso, sí queremos señalar que la diferencia de edad no tiene que ser tan amplia como la nuestra para que mentores y alumnos obtengan valor de la relación

En *Mentoría al minuto* relatamos la historia de Josh Hartfield, un joven agente comercial cuya motivación flaquea, y Diane Bertman, ejecutiva de ventas cuyo calendario repleto no le está produciendo la misma satisfacción que antes. A medida que se desarrolla la historia de Diane y Josh, los lectores aprenderán los seis pasos de acción para crear una relación de mentoría exitosa, y también perspectivas clave como por ejemplo:

- Cómo encontrar una colaboración de mentoría, ya sea usted un alumno que busca un mentor o un mentor que busca un alumno.

- Cómo trabajar con un compañero de mentoría para hacer los cambios positivos que quiere ver usted en su trabajo y en su vida.

- Cómo aplicar los consejos sucintos de *Mentoría al minuto*.

- Cómo aprovechar la sabiduría y las habilidades de personas de todos los grupos de edad y distintos trasfondos.

Las personas exitosas no logran sus metas en solitario. Detrás incluso de cada persona independiente que logra cosas está una persona o grupo de personas que le ayudaron a tener éxito. De modo que sin importar cuál sea su edad, le alentamos a comenzar a buscar un mentor desde hoy.

También le alentamos a ser mentor de otra persona, porque quienes extienden una mano de ayuda a otros tienen mucho que ganar. En palabras del antiguo proverbio budista: «Si enciende una lámpara para alguien, también iluminará su propio sendero».

Si está usted listo para edificar una potente relación de mentoría y observar cómo se transforman su trabajo y su vida, ¡siga leyendo!

Ken Blanchard,
coautor de *El nuevo mánager al minuto*

Claire Diaz-Ortiz
autora de *Twitter for Good*

PARTE I

JOSH Hartfield estaba sentado en su escritorio y miraba fijamente la pantalla de su computadora, paralizado con respecto a qué hacer a continuación. Su bandeja de entrada contenía cincuenta correos electrónicos prioritarios; tenía siete mensajes de voz urgentes de clientes ya existentes, y necesitaba terminar una nueva presentación antes de una cita de ventas que tenía el viernes.

En términos de trabajo, tenía mucho. En términos de motivación, no tenía nada. No era exactamente el estado mental ideal para su evaluación trimestral, la cual se iba a realizar en cinco minutos.

—¿Listo?

Josh levantó la vista para ver a su jefa, Eva Garcetti, que gestionaba las ventas regionales occidentales para su empresa.

—Claro —dijo Josh con una sonrisa poco entusiasta.

Siguió a Eva hasta su despacho y se sentó de frente a su imponente escritorio de madera de caoba.

—No nos vayamos por las ramas, Josh. Sus cifras este trimestre han sido mediocres, en el mejor de los casos. Esto se está convirtiendo en un patrón en usted. ¿Qué está sucediendo?

—Es tan solo una temporada floja, pero ya estoy saliendo de ella —dijo él, haciendo todo lo posible por creerlo.

Cinco años después de incorporarse a JoySoft como agente comercial, Josh se mantenía a flote. Su trabajo se había estancado, y ya no estaba progresando en su carrera.

—Ya he oído eso antes, Josh. Creo que algo de ayuda le sería útil. Le recomiendo que pase algún tiempo con Eric. Él estableció un nuevo récord de ventas la semana pasada.

Josh intentó no hacer un gesto de dolor. Eric Aguilar era el nuevo agente comercial trepador que ahora compartía cubículo con él. Eric había salido de la universidad hacía un año, y ya superaba a Josh en dos a uno; por lo tanto, Josh no se sorprendió por la recomendación de Eva. Aun así, era deprimente pensar que él estaba en tan baja forma que le decían que tomara apuntes de un nuevo empleado.

—Sé que mi sugerencia podría parecer desalentadora, pero estoy preocupada por usted, Josh. Es como si hubiera perdido su motivación. En los primeros años lo hacía bien, pero como usted sabe, las ventas no son para todo el mundo como carrera profesional a largo plazo.

Josh tragó saliva.

—¿A qué quiere llegar, Eva? ¿Debería quitarle el polvo a mi currículum?

—No necesariamente. Lo que estoy sugiriendo es que haga una reflexión personal sobre cuáles son sus fortalezas y sus debilidades. Al pasar más tiempo con Eric, podrá hacerse una idea del porqué le va tan bien a él.

> **Haga una reflexión personal sobre cuáles son sus fortalezas y sus debilidades.**

—¿Suerte del principiante? —dijo Josh con una débil sonrisa.

—No lo creo. En serio, ¿por qué no volvemos a hablar después de que haya tenido tiempo para pensar en cómo puede aumentar sus cifras, o quizá redirigir sus energías en su carrera? Me gustaría ayudar en cualquiera de los casos.

Mientras caminaba de regreso a su cubículo, Josh reflexionaba en el consejo de Eva. No siempre se había sentido tan desalentado. Cuando acababa de graduarse de la universidad con una licenciatura en administración de empresas, tenía toda la energía del mundo. Los resultados de una prueba de preferencia vocacional indicaron que él podría ser bueno en ventas, lo cual le condujo a un trabajo como joven agente comercial en JoySoft. Había fantaseado con la idea de llegar a ser un vendedor sobresaliente.

Cinco años después, la realidad le miraba de frente. En este momento, tan solo esperaba poder aferrarse a su empleo durante uno o dos años más, el tiempo suficiente para pensar en lo que *realmente* quería hacer.

Cuando Josh entró en su cubículo, Eric estaba lanzando su puño al aire.

—¡Firmado! —gritó Eric alegremente mientras colgaba el teléfono. Sacó un marcador rojo y trazó una X grande sobre la fecha del día en el calendario que tenía en su pared. Como Josh había sabido por Eric, el calendario era una herramienta motivacional que él había aprendido de un libro de comercio. Cada X representaba un nuevo cliente. Según Eric, cuantas más X hubiera en tu fila, más probable era que consiguieras tener más.

Eric tenía muchas X este mes.

Qué bueno que yo no tengo uno de esos calendarios, pensó Josh.

Con un suspiro, agarró su taza y se dirigió a la sala de descanso. Necesitaba un respiro del entusiasmo de Eric. Mientras Josh volvía a llenar su taza, entendió que se encontraba en una encrucijada. Necesitaba palabras de consuelo, y buenos consejos.

Afortunadamente, en momentos como esos sabía qué número telefónico debía marcar.

PERSPECTIVAS AL MINUTO

Pausar, reflexionar y aprender

- ¿Dónde está usted en su vida? ¿Está en una trayectoria ascendente, o ha llegado a un estancamiento?

- ¿Se siente inseguro acerca de la dirección hacia donde se dirige?

- ¿Está abierto a aprender de otras personas?

—**P**APÁ, hola. Soy yo.

—¡Josh! Me alegra oírte. ¿Pasa algo?

—Estoy pensando en ir a casa el fin de semana.

—¡Estupendo! Tu mamá se emocionará; y tu hermano también va a estar aquí. ¿A qué se debe el honor?

—Solamente quiero salir de la ciudad y verlos a ustedes. Quizá hablar contigo de algunas cosas.

—Muy bien. Esperamos verte.

Cuando Josh se despidió de su padre y metió su teléfono en el bolsillo, sintió que se disipaba parte de la tensión que había estado soportando. No todos los hijos tenían buenos padres. Él estaba agradecido de ser uno de los afortunados.

*

Unos días después, Josh estaba junto a su mamá, su papá y su hermano mayor, Brian, en la barbacoa.

—Josh, dijiste que querías hablarnos de algunas cosas —dijo su papá mientras daba la vuelta a las hamburguesas—. ¿Qué se está cocinando, además de lo que hay en la parrilla?

—Estoy teniendo algunos problemas en el trabajo —dijo Josh—. Estos días requieren todo mi esfuerzo tan solo para trabajar de nueve a cinco. Eric, que comparte cubículo conmigo, es joven, pero está obteniendo mejores resultados que yo. Yo solía tener confianza en mis habilidades comerciales, pero ahora ya no tengo tanta.

Su padre levantó la vista de la parrilla.

—¿Hay algo que podamos hacer?

Su papá había sido un exitoso ejecutivo en medios de comunicación por muchos años, y su mamá era directora de una escuela de secundaria. Josh respetaba sus opiniones cada vez más a medida que pasaban los años.

—Ya me están ayudando tan solo con escucharme.

—Cuéntanos más —dijo su mamá.

—En los días malos, tengo ganas de tirar la toalla. Esos son los días en que me pregunto qué estoy haciendo en realidad. ¿Cuál es mi trabajo, cuando se reduce a lo básico? ¿Tan solo una serie interminable de correos electrónicos, reuniones y presentaciones? ¿En realidad importa algo de mi trabajo?

Sus padres no dijeron nada, pero él podía ver por la expresión en sus caras que tenía toda su atención.

—Lo que pasa es —continuó Josh— que sencillamente no estoy seguro de lo que debería hacer con mi vida. ¿Cómo salgo de este estancamiento y hago que mi carrera vuelva a avanzar?

—Cuando tienes un problema que resolver —dijo su mamá—, hablar de ello es un buen primer paso. Quizá JoySoft no sea adecuado para ti, y tal vez necesites un cambio de escenario. ¿Has pensado en enviar tu currículum a otros lugares? No olvides que tuviste un par de buenas ofertas antes de trabajar para JoySoft.

> **Cuando tienes un problema que resolver, hablar de ello es un buen primer paso.**

—Sí, he pensado en eso. Pero ¿y si el problema no es la empresa, mamá? ¿Y si el problema soy yo?

Josh miró a su hermano, que se estaba sirviendo pollo a la barbacoa.

—¿Qué te parece a ti, Brian?

—Parece que estás teniendo la clásica crisis de los treinta años. Lo que me ayudó a mí fue trabajar en mi maestría en Administración de Empresas. Me dio tiempo para pensar en lo que quería hacer; además, obtuve muchos buenos contactos de trabajo. Así fue como terminé trabajando en ventas de bienes raíces.

—No creo que una maestría esté en las cartas para mí en este momento —dijo Josh—, pero seguramente me vendrían bien algunos buenos contactos profesionales. Mi jefa quiere que tome algunos apuntes de Eric, el personaje que es mi compañero de cubículo. Sus ventas han estado aumentando desde que comenzó. Puedes imaginarte cómo me hace sentir eso, que me digan que acepte consejos de alguien que es cinco años menor que yo.

—Sé que podría ser difícil para tu ego, pero en realidad aprender de Eric sería un buen paso entre tanto —dijo su papá—. Sin embargo, a largo plazo sería ideal encontrar un mentor de más edad que pudiera darte consejos generales sobre tu carrera profesional y la vida. Piensa en lo mucho que tú has ayudado a Ricky.

Dos veranos atrás, Josh se había convertido en un «Hermano Mayor» de Ricky, de doce años de edad, mediante el programa Hermanos Mayores, Hermanas Mayores.

—Pero Ricky es solo un niño —dijo Josh—. Yo necesito ayuda adulta.

—He estado diciendo eso durante años —bromeó su hermano—, pero papá tiene razón: necesitas un mentor. Cuando me contrataron, mi empresa inmediatamente me situó con un mentor que tenía el trabajo que ellos querían que yo desarrollara, porque necesitaban todos los agentes con conocimientos que pudieran conseguir. Estoy aprendiendo mucho más rápido de lo que podría haber aprendido por mí mismo.

—Bien —dijo Josh—. Buscaré un mentor, pero ¿dónde?

—Quizá tu jefa pueda referirte a uno de los vendedores de la empresa mayores y más exitosos —dijo su mamá.

—O podrías pedir algunos contactos a tu compañero de piso —dijo su papá—. Él tiene una gran red de contactos.

—Pero Dev está en ingeniería —objetó Josh.

—Uno nunca sabe de dónde podría venir un buen mentor —dijo su papá—. Mi primer mentor fue uno de mis maestros de secundaria.

—El mío fue una mujer de negocios que era nuestra vecina —dijo su mamá—. Las personas que pueden ayudarte a ver el cuadro general no necesariamente tienen que estar en tu mismo campo.

Los mentores en potencia están a tu alrededor cuando comienzas a buscarlos.

—Así es —prosiguió su papá—. Los mentores en potencia están a tu alrededor cuando comienzas a buscarlos.

PERSPECTIVAS AL MINUTO

Pausar, reflexionar y aprender

- ¿Le ayudaría un mentor a llevarlo al siguiente nivel?

- Establecer la intención de obtener ayuda es un primer paso importante en el proceso de mentoría.

- Un mentor no necesariamente tiene que estar en el mismo campo que usted.

- Al buscar un mentor, asegúrese de mirar en cada esquina. Piense en anteriores supervisores, alumnos de la universidad, maestros, profesores, vecinos, amigos, familiares, programas empresariales, asociaciones profesionales, organizaciones de voluntarios, y organizaciones de mentoría en línea.

EL avión de Diane tomó tierra en el aeropuerto de Los Ángeles. Había sido un torbellino de viaje: Londres, Ámsterdam, Zúrich, Chicago y todos los aeropuertos en medio. Viajar mucho era un modo de vida para una vicepresidenta de ventas. Cuando la asistente de vuelo hizo los anuncios, Diane sacó su teléfono, quitó el modo avión y llamó a su asistente.

Jocelyn respondió enseguida y preguntó:

—¿Cómo ha ido?

—Ahora mismo estoy agotada, pero tuve muy buenos momentos. Pude poner sobre la mesa mis mejores habilidades de negociación para cerrar ese trato.

—Sabía que lo haría —dijo Jocelyn.

—¿Y cuál es mi calendario para el resto de la semana?

—Ningún viaje, así que eso es bueno, pero debo decir que es ajetreado. ¿Puede acceder a su calendario? Lo acabo de actualizar.

Diane abrió su calendario y buscó rápidamente algún espacio en blanco. Al no ver ninguno, dio un suspiro.

Después de treinta y cinco años en ventas, confiaba en una competente asistente ejecutiva como era Jocelyn para organizar, priorizar y «recortar», como a ella le gustaba decir.

—¿Soy esencial para esa reunión el jueves? —preguntó Diane—. Veo que Travis está en la lista de asistentes. ¿Puede él manejarlo y después reportarse?

Hubo una pausa al otro lado de la línea telefónica.

—Bueno —respondió Jocelyn—, él dijo que en realidad sería mejor si usted estuviera allí para recibir a los clientes.

Diane volvió a suspirar, conociendo esa conversación ya tan familiar como la palma de su mano. Como ejecutiva principal de ventas en Quest Media, estaba acostumbrada a oír que ella era necesaria en todas partes. Pero ¿era cierto eso?

—Muy bien —dijo Diane—. Allí estaré. ¿Tiene alguna otra noticia estupenda para mí?

—Aún tenemos que hablar sobre la fiesta —dijo Jocelyn con firmeza—. No puede seguir posponiéndolo mucho más tiempo. Nos estamos acercando al gran día, y me gustaría hacerlo especial, pero voy a necesitar su colaboración.

—Ah, *eso* —Diane dio otro suspiro—. Podemos hablar de eso mañana. Estaré allí a las nueve.

Diane finalizó la llamada y se quedó mirando fijamente su teléfono. *Ni siquiera me emociona mi propia fiesta de cumpleaños*, pensó. ¿Qué me ha sucedido?

Buscó su carpeta de fotografías y miró las fotos más nuevas de las gemelas. Sus ojos grandes la miraban fijamente y ella meneó su cabeza, sin creer aún que finalmente ya era abuela. No podía esperar a que ellas fueran lo bastante mayores para sonreír.

Debería tomarme un día libre antes de final de mes para ver a Sarah y a las niñas, pensó. Un momento, ¿cuándo tenía que volver a viajar para esas reuniones con clientes? ¿Podría cambiar los vuelos para ver a las gemelas en el camino de regreso a casa? Probablemente no; el calendario estaba muy apretado.

Por décima vez en ese día, dio un suspiro.

Quizá me estoy haciendo demasiado vieja para esto. ¿Debería jubilarme? se preguntaba.

Diane no tenía idea; pero sabía quién podría tenerla.

*

Warren Riggs.

Diane, que ahora estaba acomodada en el asiento trasero del tren del aeropuerto, buscó ese nombre mientras recorría sus contactos en el teléfono. Cuando lo encontró, marcó el número y esperó a que la línea hiciera conexión.

Espero que no esté fuera en el agua, pensó. *Lo necesito a máximo rendimiento de su juego, y no pescando otro pez.*

Warren Riggs fue el primer jefe de Diane; y él cambió la vida de Diane. Desde el principio, él creyó en ella. Incluso cuando era una novata: una veinteañera sin experiencia pero motivada que sabía que quería estar en la industria de los medios pero no tenía ni idea de dónde comenzar.

Desde su primer día en el trabajo, Warren vio algo en ella que otros no vieron; y con el tiempo, él la ayudó a entender sus propias fortalezas sonsacando sus pasiones y situándola en el sendero para llegar a ser una floreciente ejecutiva comercial en televisión. Cuando ella cambió de empleo, dejando a Warren tras seis años estupendos, él permaneció a su lado, ofreciéndole siempre consejos, apoyo y dirección clara cuando ella lo necesitaba. Diane no sabía dónde estaría ella ahora si no hubiera sido por Warren.

—¿Hola?

—Me alegro de haberte pillado, Warren. Pensé que estarías en tu barca.

—¡Y debería estar! —dijo Warren riendo—. Pero he estado toda la mañana trabajando. ¿Recuerdas mi fiesta de semijubilación hace unos años?

¿Cómo podía olvidarlo ella? En esa fiesta, Diane había conocido a varias personas cuyas carreras habían sido moldeadas por Warren a lo largo de los años. Ella no era la única que tenía su nombre en marcación rápida.

—Claro que lo recuerdo —respondió Diane.

—¿Recuerdas esa pancarta absurdamente larga que pusieron? —preguntó Warren.

—¿Te refieres a esa pancarta que decía: «La semijubilación a los 80 es la nueva jubilación a los 65»?

—Sí, esa. Así que me pillaste semitrabajando —dijo él con una sonrisa—. ¿A qué debo el honor de tu llamada?

—Ah, Warren. Últimamente, a veces todo me parece demasiado. Estoy todo el tiempo de viaje. Mi pobre esposo no me ha visto en semanas, y me estoy perdiendo a mis nuevas nietas. Me pregunto si debiera también semijubilarme o no.

—¿Y cuál es tu idea detrás de todo eso?

—Muchas personas de mi edad están pensando en la jubilación, y no en un ciclo interminable de gimnasia logística. Mi asistente intenta que mi calendario siga siendo sensato, pero parece empeorar cada año. Francamente, me siento consumida; las cosas han sido frenéticas en el trabajo, y simplemente ya no tengo mi vieja pasión por el trabajo.

—Continúa —dijo Warren.

—Siempre dije que nunca me jubilaría a los sesenta y cinco; pero ahora que solamente quedan unos pocos años para llegar, no estoy tan segura. Quizá tan solo necesito algo para que me vigorice de nuevo. ¿Es sentirse agotado una razón para tirar la toalla?

—¿Qué te ves haciendo si te jubilas?

—Sin ninguna duda quiero pasar más tiempo con Sarah y las gemelas.

—Pero ¿*todo* tu tiempo? —preguntó Warren.

—En realidad no, pero no dejo de oír las voces de mis amigas en mis oídos.

—¿Y qué dicen esas voces?

—No dejan de decir: «¿No has trabajado ya lo bastante duro, Diane?». Todo el mundo parece estar convencido de que debería dejar que mi carrera ocupe el asiento trasero. En particular recibo ese mensaje cada vez que envío a personas otra hermosa fotografía de las gemelas.

Warren hizo una pausa antes de responder.

—Lo que escucho que dices es que en este momento careces de pasión en tu carrera, te sientes abrumada y tienes la molesta sensación de que quizá sea el momento de dejar atrás todo este mundo del trabajo de una vez por todas y colgar sobre tu puerta el gran cartel de jubilación.

—Eso es más o menos. ¿Qué piensas?

Ella esperaba recibir apoyo de Warren, pero su respuesta le situó de inmediato a la defensiva.

—Creo que necesitas más balance en tu vida. En este momento estás dando demasiado *de ti* a tu negocio. Necesitas compartir más de ti misma con personas fuera del trabajo.

Mentorear a una persona joven te ayudará a enfocarte en tus propios pasos siguientes.

—¡Pero ya lo hago! —respondió ella, un poco con demasiada rapidez y un poco con demasiado volumen de voz—. Hago donativos a obras caritativas, en vacaciones hago trabajo voluntario en el banco de alimentos, y hago todo lo posible para estar disponible para amigos y familia...

—Quizá no lo dejé claro. No necesitas más puntos que incluir en tu lista de quehaceres. Necesitas compartir quien eres tú con otros. ¿Has pensado alguna vez en ser mentora?

—¡Warren! Necesito energía y enfoque, y no otra distracción.

—Ahí está el asunto —dijo Warren—. Si encuentras a alguien de quien quieras genuinamente ser mentora, esa relación te dará la energía que necesitas.

—Pero ¿de quién iba a ser mentora?

—¿Qué te parece una persona joven que trabaje en el campo de las ventas? Eso te recordará por qué comenzaste en el trabajo al principio, y te mostrará lo lejos que has llegado. Y mentorear a una persona joven te ayudará a enfocarte en tus propios pasos siguientes.

—¿Dónde encontraría yo a esa persona?

—Tan solo mantén abiertos los ojos y los oídos. Cuando te propongas ser mentora, te sorprenderás de las personas que aparecerán.

—Ahora que lo pienso, a lo largo de los años se han acercado personas a mí con la intención de que las ayudara. Yo siempre decliné porque estaba demasiado ocupada, y aún me sigue preocupando que no tendré tiempo para hacerlo bien.

—No te preocupes. Muchas personas evitan la mentoría porque creen que toma mucho tiempo, pero no tiene que ser así. Algunos de los mejores consejos que recibí nunca llegaron de pedacitos durante conversaciones causales con mis mentores.

¿Mentorear? ¿Yo? Diane seguía sin estar segura; pero no era la primera vez que no había estado de acuerdo con Warren desde el principio. Con los años, había aprendido a respirar hondo antes de responder a grandes ideas, especialmente de Warren.

> **Muchas personas evitan la mentoría porque creen que toma mucho tiempo, pero no tiene que ser así.**

—Muy bien. Me asusta, pero lo intentaré. Mientras pueda contar contigo para que me acompañes.

—Ese es el espíritu —dijo Warren—. Bien, tengo otra llamada, así que tengo que ir rápido;

pero te veré pronto. ¿No queda poco para tu cumpleaños?

—Sí, pero no he tenido tiempo para planear una fiesta.

—Bueno, si haces una fiesta y estoy invitado, será mejor que no vea ningún cartel de jubilación por ninguna parte. Al menos no hasta que antes pruebes a ser mentora de alguien.

—No sería fiesta sin ti, Warren. Y no será una fiesta de jubilación, aún no. Gracias por la charla.

PERSPECTIVAS AL MINUTO

Pausar, reflexionar y aprender

- ¿Ha evitado llegar a ser mentor porque cree que toma demasiado tiempo?

- Ser mentor, aunque sí requiere una comunicación regular, no es un trabajo a jornada completa.

- La mayoría de personas son vigorizadas por sus relaciones de mentoría; probablemente usted también lo será.

- Al establecer la intención de encontrar un alumno, usted se volverá más abierto a potenciales compañeros de mentoría que están a su alrededor.

Cuando Josh llegó a su apartamento aquella noche, Dev estaba jugueteando con una computadora en la mesa de la sala.

—Cambiando el disco duro —explicó Dev.

Mientras Dev trabajaba, Josh le habló de la conversación que tuvo con sus padres y su hermano sobre encontrar un mentor.

—Mi jefa sugirió que llame a Eric, el joven que comparte mi cubículo, para que sea mi mentor. No me importa aprender cosas de él, pero me encantaría encontrar a una persona mayor que tenga una experiencia más amplia como mentor. Alguien que pudiera ayudarme a descifrar si las ventas es incluso el campo profesional adecuado para mí. ¿Alguna sugerencia?

Dev tomó unos momentos para pensar.

—La mayoría de mis contactos son genios de la tecnología de nuestra edad, así que no creo que fueran de mucha ayuda; pero sí tengo un tío que ha trabajado en ventas durante años, y es bastante exitoso. ¿Quieres que te lo presente?

—Suena a buen comienzo —dijo Josh.

*

Dos días después, Josh estaba sentado en un restaurante con el tío de Dev, Ron, un hombre de unos cincuenta años y muy bien vestido. Ron sin duda parecía ser el retrato del éxito.

—Dev me dice que estás intentando decidir si las ventas son adecuadas para ti. Déjame ser el primero en decirte esto: si quieres hacer dinero, ¡quédate en las ventas! Es el único trabajo donde el cielo es el límite. En el resto de empleos te dan un salario, y después tienes que ir y suplicar a final de año algún extra. *¡Suplicar!* Mi salario está bajo mi control; tan solo depende de lo duro que yo quiera trabajar y el número de ventas que quiera hacer. Punto.

—Yo esperaba que ese sería mi caso —dijo Josh—, pero estoy viendo que es más fácil decirlo que hacerlo.

Ron señaló con su dedo a la cara de Josh.

—¡Lo que necesitas es tenacidad! No siempre es fácil, de modo que tienes que perseverar y echarle horas. ¿Qué se está interponiendo en el camino para que pongas todo tu tiempo y energía en tu trabajo? ¿Estás viviendo y respirando ventas?

—Bueno, tengo una vida fuera del trabajo. Paso tiempo siendo un Hermano Mayor para un muchacho llamado Ricky. También me gusta mantenerme en forma, así que hago senderismo o juego al baloncesto con Dev y nuestros amigos los fines de semana. Es bueno mantener un balance en mi vida, ¿cierto?

—¡Olvida el balance! Tienes que recordarlo: las ventas es donde está la acción. La empresa confía en ti. Cuando estés ganando mucho dinero, *entonces* puedes tener cierto balance en tu vida.

La conversación fue cuesta abajo desde ahí. El tío de Dev no pensaba en otra cosa que ventas, ventas y ventas; y no tenía recelos al respecto. Cualquier cosa que Josh decía, Ron la descartaba; rápidamente quedó claro para Josh que el tío de Dev, aunque era exitoso, no era alguien con quien quisiera pasar mucho tiempo, y mucho menos tenerlo como mentor.

Durante las semanas siguientes, Josh descubrió que no era tan fácil encontrar un mentor. Habló con varias personas que llegaron recomendadas por amigos, familiares y compañeros de trabajo. Ninguna de ellas llegaba a ser la adecuada. Valores dispares, personalidad, experiencia de trabajo y horarios desempeñaron su papel.

Aun así, él mantenía la esperanza.

El avance llegó un día cuando pasó por las oficinas de Hermanos Mayores, Hermanas Mayores para recoger entradas para un partido al que iba a llevar a Ricky. Uno de los consejeros pasó a su lado en el vestíbulo y preguntó:

—¿Cómo te va, Josh?

Josh no pudo evitar hablarle de todo.

—Con mi hermano pequeño, estupendo. Con mi trabajo, no tanto.

—¿Qué sucede?

—Digamos que no estoy avanzando. De hecho, he estado buscando un mentor; alguien que pueda ayudarme a llevar mi carrera profesional al siguiente nivel.

—Deberías hablar con Linda Partridge. Ella conoce a todo el mundo —dijo el hombre sin perder paso.

—¿No es ella la presidenta de división de Hermanos Mayores, Hermanas Mayores? No quiero molestarla con mis problemas.

El hombre sonrió.

—Es obvio que no conoces a Linda. Ella vive para servir a la gente. Vamos, ven conmigo y veamos si está en su oficina.

*

Momentos después, Josh estaba sentado al otro lado del escritorio de Linda.

—¿Cómo puedo ayudarte? —le preguntó.

—Necesito dirección en mi carrera profesional. Ahora estoy en ventas, pero no estoy seguro de si es ahí donde debería quedarme. He estado buscando un mentor, pero encontrar a uno es más fácil de decir que de hacer.

—¿Qué has aprendido hasta ahora durante tu búsqueda?

—He aprendido lo que *no* quiero en un mentor tanto como lo que sí quiero. Quiero una persona que no solo sea exitosa, sino a quien también le importen la familia y los amigos. Me gustaría alguien que tenga cualidades que yo valoro, como honestidad, generosidad y humor.

Linda asintió con la cabeza.

No siempre es fácil, pero encontrar a alguien que encaje con tus valores y tu tipo de personalidad es importante.

—No siempre es fácil, pero encontrar a alguien que encaje con tus valores y tu tipo de personalidad es importante.

—Sin duda. Conocí a un mentor en potencia que estaba superenfocado en el trabajo, excluyendo todo lo demás. Otro hombre al que conocí no tenía ningún sentido del humor, y estaba totalmente enfocado en sí mismo. No me dejaba decir palabra.

—Parece que necesitas a alguien que sea excelente para escuchar y tenga la capacidad de enfocarse en otros.

—¿Le viene alguien a la mente?

—No en este momento; sin embargo, déjame que lo piense. Apuesto a que puedo pensar en uno o dos buenos candidatos.

*

Más avanzada esa misma semana en el supermercado, Linda se encontró con su vieja amiga de la universidad, Diane Bertman.

—¡Qué lujo verte! —dijo Linda.

—Me temo que mi calendario está tan ocupado estos días que la única vez en que puedo cruzarme contigo es en la fiesta anual de recaudación de fondos de Hermanos Mayores, Hermanas Mayores —dijo Diane, meneando la cabeza.

—No te preocupes, Diane. Estoy agradecida de que tú y Mark hayan apoyado siempre con tanta generosidad.

Diane le habló a Linda sobre su indecisión en cuanto a la jubilación.

—Mi consejero de confianza, Warren, me sugirió que dejara a un lado parte de mi enfoque en los negocios y encontrara a alguna persona de la que ser mentora.

—Es interesante que menciones eso —le dijo Linda—. El otro día estuve hablando con uno de nuestros Hermanos Mayores sobre su necesidad de tener un mentor para salir del bache en que se encuentra. Ustedes dos podrían ser una pareja perfecta. Él trabaja en ventas, y no está seguro de dónde debería seguir su carrera profesional; y tú has estado en ventas pero no estás segura de que sea ahí donde deberías pasar el resto de tu vida.

—¿Qué tipo de persona es?

—Es estupendo. Es uno de los mejores Hermanos Mayores que tenemos. Tiene un corazón maravilloso y cariñoso; los niños le aman.

—Suena prometedor.

—Te diré algo. ¿Por qué no organizo un almuerzo para ustedes dos, y pueden seguir desde ahí?

—Yo estoy dispuesta, si él quiere —dijo Diane.

PERSPECTIVAS AL MINUTO

Pausar, reflexionar y aprender

- Hay muchos tipos distintos de compañeros de mentoría: de igual a igual, de adulto a adolescente, de aprendiz a maestro, intergeneracional, y mentoría dentro de un grupo son algunos de ellos. Lo que usted busque en un mentor o un alumno dependerá del tipo de relación de mentoría que esté buscando.

- Piense en las cualidades clave que busca en un mentor o alumno antes de comenzar la búsqueda. ¿Qué valores y características de la personalidad son importantes para usted?

- Sea cortés con mentores en potencia. Si no hay conexión entre los dos, comunique con prontitud su decisión y dé las gracias por su tiempo.

- Alumnos en potencia: *sean valientes.* Cuando pidan a alguien que sea su mentor, lo peor que puede pasar es que salgan a la par. Si la persona dice no, ¡de todos modos no tenían un mentor antes!

Es difícil decir quién estaba más nervioso por reunirse ese lunes en el Bayside Grill: Diane, que jugueteaba con su bolso mientras esperaba cerca del aparador, o Josh, que se secaba las palmas de sus manos en el pantalón mientras abría la puerta del restaurante y miraba buscando a una mujer que encajara con la descripción que Linda había hecho de Diane.

Cuando Diane y Josh se sentaron, hablaron brevemente sobre su amiga común, Linda, y las cosas buenas que ella les había dicho el uno del otro. Cuando el camarero les tomó nota, Diane fue al grano.

—Hace años, mi primer jefe me enseñó que hay dos aspectos de trabajar con otra persona: esencia y forma —dijo—. La *esencia* se trata de compartir de corazón a corazón y encontrar valores comunes. La *forma* se trata de estructura: cómo podríamos trabajar juntos. Siempre que yo paso a la forma antes de explorar la esencia, nunca parece funcionar, así que declaremos este almuerzo una reunión de esencia donde descubriremos cosas el uno del otro: lo que valoramos y lo que hay en nuestros corazones.

—Me alegra que saque ese tema —dijo Josh—. Hasta ahora nada ha funcionado en mi búsqueda de un mentor, porque no he sentido esa conexión de corazón a corazón de la que usted habla.

—Entonces descubramos cosas el uno del otro —dijo Diane—. Hábleme un poco más sobre quién es usted.

Josh no respondió enseguida. *¿Quién era él, en realidad?*

—Tengo veintiocho años —comenzó—. Me gradué de la Universidad de Berkeley en California con una licenciatura en Administración de Empresas. Vivo en un apartamento con mi compañero de piso, Dev, que ha sido amigo mío desde la universidad. Él es muy divertido e inteligente, es ingeniero y siempre está ahí cuando lo necesito. Me siento realmente afortunado por tenerlo en mi vida.

> La *esencia* se trata de compartir de corazón a corazón y encontrar valores comunes. La *forma* se trata de estructura.

—Linda dijo que es usted uno de los mejores Hermanos Mayores que tiene nuestra división. ¿Qué hizo que entrara en eso? —preguntó Diane.

—Mis padres apoyan mucho Hermanos Mayores, Hermanas Mayores. Cuando me enteré de los retos que tienen algunos de esos muchachos, y la diferencia que puede marcar en sus vidas unas cuantas horas de tu tiempo, me apunté.

—Parece que tiene usted unos padres estupendos —dijo Diane.

—Así es; ellos son mis héroes. Siempre he acudido a ellos en busca de consejo. Papá es ejecutivo de televisión y mamá es directora de una escuela de secundaria. Tengo un hermano mayor, Brian, que trabaja en el negocio de los bienes raíces; él tiene una maestría y piensa que yo debería sacar la mía, pero no estoy seguro de que esa sea la dirección que quiero seguir en la vida.

—¿Por qué no? —preguntó Diane.

—He estado pensando mucho en eso últimamente —dijo Josh—. No sé si los negocios es donde debería enfocar mi carrera. Sé que no estoy aprovechando mis mejores talentos en el área de ventas.

—¿Qué le gusta hacer?

—Me encanta hablar con la gente. No necesariamente me gusta venderles cosas.

—¿Qué le molesta de eso? —le preguntó Diane.

—No me gusta que las ventas terminan siempre en mi agenda, queriendo que compren algo, sea que les ayude o no. Al menos esa es la sensación que tengo.

Diane se rio.

—Usted dispara de frente, ¿verdad? Esa es una percepción interesante de lo que son las ventas. Tengo que decirle, como vendedora de profesión, que yo no lo siento así. Yo no forzaré una venta si no creo que irá a favor de los mejores intereses de la otra persona; pero no hay nada que me guste más que hacer llegar el producto o servicio adecuado a la persona correcta.

Al hablar con Josh, Diane sentía que parte de su vieja pasión por el trabajo volvía a correr por sus venas.

Josh meneó la cabeza negativamente.

—Sí, yo no soy así. Mi empresa tiene un gran producto y sé que hay personas que lo necesitan y lo quieren, pero conectar ambas cosas no hace que se prenda mi pasión.

—¿Puede pensar en alguna ocasión en que *sí* se sintió apasionado por trabajar con otras personas? —preguntó Diane.

—¿Apasionado?

—Una experiencia tan cautivadora que perdió la noción del tiempo.

Josh lo pensó un poco.

—Lo único que me viene a la mente es de mis tiempos universitarios. Durante mi primer y segundo años tomé clases de periodismo y estuve en el equipo de personal del periódico de la universidad. Me emocionaba cuando me pedían que cubriera eventos de interés en el campus. Entrevistaba a alumnos, a profesores y a administradores. Resultó ser tan divertido que no podía creer que estuviera obteniendo créditos universitarios por ello. Y pese a todo el trabajo extra que tenía que hacer aparte de mis clases, mi nota media seguía subiendo. Me encantaba.

—En particular, ¿qué le gustaba de eso? —preguntó Diane.

—Me gustaba mucho entrevistar a las personas y comprobar si podía sacar detalles relevantes y convertirlos en una buena historia.

—Dado lo mucho que le gustaba, ¿por qué no estudió una licenciatura en comunicación?

—A mi padre no le entusiasmaba la idea, y me alentó a seguir con la administración de empresas como asignatura principal. Decía que sería mucho más lucrativo en el mundo real.

Diane miró a Josh con expresión reflexiva.

—Entonces si le estoy entendiendo bien, parece que lo que usted valora es la amistad y la familia, y que le gusta hablar con la gente y contar sus historias.

—Eso es —dijo Josh—. Quizá eso sea suficiente sobre mí. Si no le importa, me gustaría saber más sobre usted.

Por un momento, a Diane le tomó desprevenida. Había pasado bastante tiempo desde la última vez que habló de sí misma.

—Bien —dijo ella—, siguiendo sus pasos, comenzaré con mi edad. Estoy a punto de cumplir los sesenta. Mi asistente está organizando una gran fiesta, pero yo no estoy nada emocionada al respecto.

—¿Por qué no?

—Supongo que es porque en realidad no estoy segura de lo que quiero hacer cuando sea mayor, y habrá personas en la fiesta que me preguntarán qué voy a hacer a continuación. Veamos, me gradué de la Universidad de Southern California y me casé con mi novio de la universidad, Mark. Hemos disfrutado treinta y cinco años de matrimonio, y tenemos una hija que nos ha dado dos hermosas nietas, son gemelas. De lo único que estoy segura es de que quiero pasar más tiempo con las gemelas.

—En realidad no me parece verla como abuela a tiempo completo —dijo Josh—. Por lo que supe de Linda, su carrera profesional es muy importante para usted. ¿Es eso cierto?

—Sí, me encantan las ventas. Me han gustado desde el día que comencé como joven agente comercial, y si soy sincera, me ha encantado ser vicepresidenta de ventas para Quest Media. Soy muy afortunada de trabajar en una industria creativa con personas con tanto talento. Pero después de escucharlo a usted, creo que tengo el problema contrario. Usted parece estar poco estimulado y que no

le entusiasman las ventas. Aunque yo amo mi trabajo, me estimula en exceso y estoy más o menos agotada todo el tiempo. Viajar tanto me está pasando
factura. Las personas oyen que me quejo de eso, y
están sugiriendo que quizá debería jubilarme.

—¿Es eso lo que usted quiere hacer? —preguntó Josh.

—Realmente le gusta entrevistar a la gente, ¿verdad? Para responder a su pregunta, no lo
sé. Siempre he valorado el ser productiva, y no sé
cómo podría sentirme útil si me jubilo.

Cuando llegó el almuerzo, su conversación
cambió hacia libros y películas favoritos, y las cosas
que más valoraban en la vida: familia, amigos y
mascotas.

Cuando estaban terminando, Diane dijo:

—Al hablar con usted, recordé por qué me
metí en este campo al principio. No estoy segura
de si es el lugar adecuado donde estar en esta etapa de mi vida, pero sus preguntas me han hecho
pensar.

Josh sonrió.

—Es realmente un privilegio oír a alguien tan
exitoso como usted hablar sobre su vida. Y sus preguntas también me han dado mucho que pensar a
mí.

—Desde mi punto de vista, esta fue una buena
reunión de *esencia* —dijo Diane—. Estoy interesa-
da en seguir con esto, pero necesito pensar en

cómo funcionará logísticamente, en términos de mi tiempo y mis prioridades. ¿Qué piensa sobre pasar a la forma en nuestra siguiente reunión?

—Eso suena estupendo. Esperaba que pudiera haber una siguiente reunión.

Se levantaron y caminaron hacia la salida. En la puerta, Josh extendió el brazo.

—Muchas gracias por el tiempo que me ha dedicado hoy —le dijo.

Diane le dio un apretón de manos.

—De nada. Ha sido un placer; y no lo digo por decir.

PERSPECTIVAS AL MINUTO

Pausar, reflexionar y aprender

- Una primera reunión exitosa con un mentor o alumno potencial sitúa lo personal antes de lo táctico; o como dice Diane, la esencia antes de la forma. ¿Encajan sus valores? ¿Conectan sus personalidades? ¿Fluye la conversación?

- Sin importar si es usted un mentor que busca un alumno, o un alumno que busca un mentor, recuerde seguir sus instintos cuando tome decisiones sobre continuar con una relación de mentoría. Si siente que no es correcto, probablemente no sea una pareja adecuada.

- Si es usted el alumno en potencia, recuerde dar las gracias a su mentor en potencia. Independientemente de cuál sea el resultado de la reunión, esa persona le hizo un favor a usted al considerarlo.

DURANTE los diez días siguientes, cuando Diane voló a otra zona horaria, Josh y Diane se intercambiaron un par de correos electrónicos expresando su interés mutuo en su relación de mentoría en ciernes.

Cuando Diane regresó de sus viajes, volvieron a reunirse en el Bayside Grill.

—He estado pensando en la logística de nuestra relación de mentoría; en otras palabras, cómo queremos trabajar juntos —dijo Diane mientras se acomodaban en sus asientos.

—¿Se refiere a la parte de la forma, contrariamente a la parte de la esencia de la que hablamos la última vez? —preguntó Josh.

—Exactamente. Por mi experiencia, el primer paso en cualquier relación de trabajo es tener una declaración de misión clara. Después de todo, si no sabemos dónde vamos, es probable que no lleguemos allí.

> **El primer paso en cualquier relación de trabajo es tener una declaración de misión clara.**

—¿A qué se refiere exactamente con una misión? —preguntó Josh.

—Una misión llega hasta el propósito de nuestra relación de mentoría. Aunque nuestra declaración de misión no tiene que ser complicada, debería escribirse con cuidado, porque será lo más importante en lo que nos pongamos de acuerdo juntos.

—He oído que una declaración de misión le dice a la gente en qué negocio está uno. Entonces, ¿en qué negocio estamos nosotros, Diane?

—Creo que estamos en el negocio de volver a recuperar la pasión —dijo Diane con convicción—. ¿Cómo suena esto? «La misión de nuestra relación de mentoría es ayudarle a recuperar la emoción acerca de lo que está capacitado para hacer en el mundo».

—Eso suena bien —dijo Josh—, pero creo que falta algo. Algo importante para mí es aclarar mi confusión sobre mi carrera profesional. ¿Y si decimos: «Nuestra misión es ayudarme a recuperar claridad y pasión por mi trabajo en la vida?».

—Eso suena bien. Se le dan bien las palabras.

—Gracias, pero el problema que tengo con esa declaración de misión es que solo se trata de mí. ¿Qué hay en nuestra relación para usted?

—Mi mentor, Warren, me dijo que si yo era mentora de otra persona, obtendría la energía y el enfoque que necesito para seguir mis propios pasos siguientes.

—Entonces ¿me está diciendo que ayudarme le va a ayudar a usted? —Josh sonrió al pensar que en realidad él podría tener algo que ofrecer a alguien tan exitosa como Diane.

—Eso es lo que dice Warren; y he aprendido a escuchar sus consejos. Él también me enseñó sobre el poder de escribir un diario.

Metió la mano en su cartera y sacó un cuaderno de espiral.

—Este va a ser mi diario de mentoría. Soy de la vieja escuela, así que el papel me funciona bien. Quizá usted quiera escribir su diario de mentoría en el teléfono u otra cosa. Es aquí donde anotaremos cómo va nuestro viaje de mentoría.

Josh sacó su teléfono y encendió una nueva aplicación con la que había estado jugueteando.

—Por ahora, dictaré mis notas aquí —dijo él—. ¿Por dónde comienzo?

—El primer paso es anotar la declaración de misión que hayamos acordado.

—Voy a repetirla en voz alta para poder anotarla —Josh habló a su teléfono—: «La misión de nuestra relación de mentoría es ayudarme a recuperar claridad y pasión por mi trabajo en la vida».

Diane escribía en su diario mientras Josh hablaba.

—Bien —dijo ella.

—¿Qué viene después? —preguntó Josh.

—Eso depende de lo que surja —dijo Diane—. Nuestros diarios son donde anotaremos las preocupaciones que tiene, sus necesidades, momentos de progreso e ideas sobre maneras en que yo puedo ayudar. Warren me asegura que, en el proceso, yo también obtendré perspectiva y claridad.

—Eso espero. Me gusta el aspecto de una calle de doble sentido que tiene eso —dijo Josh.

—Ahora, durante el resto de este almuerzo, ¿por qué no abordamos cualquier problema que pudiera estar ralentizando su progreso? Por ejemplo, usted mencionó una preocupación porque el recién contratado con quien comparte cubículo le esté superando.

—Aborrezco admitirlo, pero sí me molesta —dijo Josh.

—Lo entiendo —replicó Diane—, pero a corto plazo, le recomiendo que intente aprender algo de él, como sugirió su jefa.

—Pero ni siquiera estoy seguro de querer seguir en el campo de las ventas.

—Lo entiendo —dijo Diane—, pero no creo que debiera alejarse mentalmente de su empleo actual hasta que tenga una dirección clara y algunas oportunidades en potencia. Sin un empleo para poder pagar las facturas, pensar en pasos siguientes en su carrera será difícil.

—Entonces debería apartar del camino mi ego y aprender de Eric. Supongo que eso me dará algún tiempo para pensar en el cuadro general.

—Precisamente eso —dijo Diane.

—Para mí, la parte más difícil será tragarme mi orgullo y aprender de alguien que es más joven que yo.

—Me encantará saber cómo va eso. No podremos volver a vernos en persona durante un mes, porque voy a hacer otro viaje.

Mientras esperaban a que llegara la cuenta, Josh y Diane programaron una llamada telefónica para dentro de dos semanas.

Cuando introdujo la reunión telefónica en su calendario, Diane se dio cuenta de que cuando ella y Josh hablaran de nuevo, ella tendría sesenta años.

¿Dónde se van los años?, se preguntaba.

Perspectivas al minuto

Pausar, reflexionar y aprender

- La mentoría exitosa comienza con una potente declaración de misión. ¿Qué espera usted lograr con su relación de colaboración? Exprese su misión en una declaración sencilla a la que pueda recurrir fácilmente.

- Aunque las declaraciones de misión se enfocan en el alumno, tanto mentor como alumno darán y recibirán en la relación. La declaración de misión debería reflejar eso.

- Escriba un diario de su viaje de mentoría para así poder seguir la pista a sus metas y su progreso.

*

EMPRENDA LA ACCIÓN

MISIÓN

Cree una misión: un propósito para su relación de mentoría.

*

MARK Bertman estaba de pie en el podio y miró alrededor de un salón lleno de amigos, seres queridos y admiradores de su esposa: Diane. Las mesas estaban adornadas con globos y flores, y en la pared de atrás colgaba una pancarta que decía: «¡Feliz 60 aniversario, Diane! Tan solo es el principio».

Mark levantó su copa de champán y le dio unos golpecitos con el tenedor, que enviaba un claro *ding, ding, ding* por toda la sala.

—¿Pueden prestarme su atención, por favor? —gritó con su agradable voz de barítono—. Levantemos nuestras copas en honor a mi fabulosa esposa, una persona especial en las vidas de todos nosotros. Que este año sea el principio de grandes cosas para ti, Diane.

Todos empezaron a aplaudir y jalear. Warren Riggs fue el siguiente en brindar por Diane, y varias otras personas clave en su vida lo hicieron tras él.

Cuando terminaron los brindis, Warren se acercó a Diane y la apartó a un lado por un momento.

—Feliz cumpleaños, mujer increíble —le dijo mientras le daba un abrazo.

Diane le devolvió el abrazo.

—Oh, Warren. No sé cómo comenzar a darte las gracias. Has sido muy importante en mi vida.

—Me alegro de no haber visto una pancarta de jubilación cuando entré.

—No, no. Estarás orgulloso de saber que seguí tu consejo. Ahora estoy en una relación de mentoría.

—¡Felicidades! Háblame de eso.

—Soy mentora de un chico de veintiocho años que trabaja para una empresa de *software*. Josh está en el departamento de ventas, pero no le va muy bien en términos de resultados o satisfacción.

—¿Y cómo va la mentoría?

—Comencé con el modelo de esencia y forma que tú me enseñaste hace años. La parte de la esencia fue fácil. Realmente me cae bien, Josh; es un buen tipo.

—¿Qué te hace decir eso?

—Por un lado, es un Hermano Mayor de un adolescente en riesgo, lo cual me dice que se interesa por las personas. También es educado, cándido, y es fácil hablar con él. Creo que él también se siente cómodo conmigo.

—¿Y en cuanto a la forma? —preguntó Warren.

—Comenzamos esa parte dejando clara una declaración de misión.

—¡Excelente! —dijo Warren—. ¿Cuál es su misión?

Diane recitó fácilmente la misión de memoria.

—Nuestra misión es ayudar a Josh a recuperar claridad y pasión por su trabajo en la vida.

—Fantástico. ¿Y qué es lo siguiente?

—¡Eso es lo que iba a preguntarte! No tengo claro realmente hacia dónde avanzar desde ahí. He manejado a muchas personas y proyectos en el trabajo, pero parece que ser mentora es distinto.

—Parece que tienes una misión clara; pero como sucede con cualquier relación exitosa, tienes que decidir cómo quieres que se comuniquen mutuamente: la frecuencia y por cuáles medios.

Decida cómo quieres que se comuniquen mutuamente: la frecuencia y por cuáles medios.

Diane frunció el ceño.

—Debido a mi calendario de viajes tan frenético, no establecimos una reunión regular. Quizá eso fue un error. Ahora nos reunimos esporádicamente.

—Quizá podrías querer darle alguna estructura a eso. Hagan el compromiso de tener al menos una reunión semanal, aunque sea por teléfono o en línea. Está bien saltarse una llamada de vez en cuando, pero al principio de la relación, mientras la están estableciendo, yo recomiendo hablar semanalmente.

Diane se resentía a establecer otro compromiso semanal más.

Warren vio la expresión de desagrado en su rostro.

—No te preocupes, Diane, pues será así durante el primer mes mientras se están conociendo el uno al otro. Después, no necesitarán estar en contacto tan a menudo.

—Está bien, supongo. Sé que dijiste que esto de la mentoría sería una situación en la que todos salen ganando, y que yo también obtendría algo. Pero para ser sincera, hasta ahora parece que se inclina de un solo lado. Él es bastante joven e inexperimentado.

—Ese podría ser el caso; pero te sorprenderás, pues las personas más jóvenes nos benefician al introducirnos a nuevas maneras de pensar y comunicarnos. Por ejemplo, yo he aprendido todo sobre tomar la iniciativa de ti, Diane.

—¿De veras?

—Sin duda alguna. Verte correr riesgos a lo largo de los años me inspiró a perseguir también nuevas oportunidades. Pero la razón por la que estuve abierto a tus ideas fue por lo bien que colaborábamos juntos y la confianza mutua que edificamos. Es de esperar que Josh y tú puedan desarrollar esa misma colaboración y confianza.

—Yo también lo espero. Te mantendré informado a medida que vayamos avanzando.

—Eso es una buena idea, porque de vez en cuando querrás detenerte y repasar dónde están y cómo les va en su misión. Me encantaría ser parte de ese proceso y ayudarte en todo lo que pueda.

De repente, los dos notaron una pequeña conmoción mientras una joven que empujaba un carrito de niños de dos plazas se abría camino hasta Diane entre la multitud.

—¡No monopolices a mi mamá en su cumpleaños! —le dijo la mujer a Warren—. Las niñas y yo volamos dos mil millas para estar hoy con ella.

Los ojos de Diane se abrieron como platos y se le iluminó la cara. Después de dar un gran abrazo a su hija, Sarah, se agachó al lado del carrito y arrulló a sus nietas.

Cuando Diane levantó la vista, tenía los ojos llenos de lágrimas.

—Este es el mejor regalo de cumpleaños; el mejor.

*

Para Josh, las dos semanas anteriores a su siguiente llamada con Diane fueron desafiantes. Todo giró en torno a contentar el ego mientras intentaba aprender de su compañero de oficina: Eric.

Cuando finalmente llegó el día de la llamada, Josh se escabulló por el vestíbulo de JoySoft en su descanso para el almuerzo y llamó a Diane.

—¿Hola?

Se sorprendió por lo aliviado que se sintió tan solo al escuchar la voz de ella.

—Hola, Diane. Soy Josh.

—¿Qué tal van las cosas? —le preguntó ella.

—¿Recuerda a Eric, mi compañero de oficina de quien usted y mi jefa me alentaron a que aprendiera? Él es realmente bueno. Ha conseguido la firma de media decena de grandes clientes, y ahora le van a dar una oficina propia. Al principio yo estaba molesto por eso, porque tengo más antigüedad, y me parecía que era yo quien debía tener oficina propia antes que él; pero al pensarlo bien, ¿por qué iba a forzar el tener una nueva oficina cuando ni siquiera estoy seguro de que las ventas sea el campo adecuado para mí?

—Bien pensado, Josh. El hecho de que otra persona esté teniendo éxito en su carrera es una cosa buena, ¿cierto? Es obvio que a Eric se le dan muy bien las ventas. Cuando tenga claro lo que realmente quiere hacer, se abrirán todo tipo de puertas para usted también.

Cuando tenga claro lo que realmente quiere hacer, se abrirán todo tipo de puertas para usted.

—Eso espero. Francamente, han sido un par de semanas difíciles.

—¿Cuánto tiempo le ha estado molestando este último acontecimiento con Eric?

—Me enteré de lo de su nueva oficina el día después de nuestra última charla.

—¿Por qué no me envió un correo electrónico?

—Porque sabía que teníamos programada una llamada telefónica, y quería respetar su tiempo.

—Agradezco esa cortesía, Josh; pero si surge algo importante en lo que pudiera obtener apoyo, acordemos que no debería esperar hasta la siguiente reunión que tengamos programada para ponerse en contacto conmigo.

—De acuerdo —dijo Josh.

—De hecho, estaba hablando con mi mentor, Warren, y él me recomendó que al menos durante el primer mes, deberíamos estar en contacto una vez por semana.

—Entonces, ¿está bien si le mando un correo o un mensaje de texto cuando surja algo como esto?

—En realidad, para asuntos de los que dialogar prefiero las llamadas telefónicas; quizá es algo generacional. Pero cualquier comunicación es mejor que ninguna, en particular si algo le está inquietando.

—Lo que le oigo decir es que en interés de lograr nuestra misión, necesitamos mantener abiertas las líneas de comunicación.

—Eso es —dijo Diane—. Y respecto a los correos electrónicos, también me gustaría que me enviara un breve resumen semanal de cómo le van las cosas, lo que está pensando, y cómo podría yo ayudar. No solo dicte sus ideas en esa aplicación de un diario que tiene; comuníquese *conmigo* también. ¿Le parece bien?

—Me parece estupendo —dijo Josh—. Pero hablando de cómo podría usted ayudar, usted tiene mucha más experiencia en ventas que Eric. Lo que de verdad agradecería sería cualquier herramienta y técnica que pudiera ayudarme ahora a ser un mejor vendedor. Me refiero a que, después de todo, usted es VIP en ventas.

Diane escogió las palabras con cuidado.

—Creo que este es un buen momento para hablar sobre la diferencia entre mentoría y *coaching*. Yo soy su mentora, Josh, y no su *coach* de ventas. Esos dos términos con frecuencia se utilizan de manera intercambiable, pero para nuestros propósitos, un *coach* le ayuda a enfocarse en el desempeño y el desarrollo de habilidades. Por ejemplo, en este momento Eric es un *coach* de usted. Un mentor le ayuda a enfocarse en asuntos a largo plazo, cosas como balance entre trabajo y la vida y el cuadro general del desarrollo de la carrera profesional.

—Eso tiene sentido, supongo —dijo Josh—. Entonces, ¿en qué me debería enfocar?

—Enfóquese en su trabajo durante el día, pero no se lo lleve a casa en la noche o los fines de semana. En cambio, use ese tiempo para la introspección. Usted dijo que su pasión es hablar con la gente y relatar sus historias; ¿qué podría hacer fuera del trabajo que desarrolle esas habilidades? Quizá pueda comenzar ahí.

—Si usted insiste, mentora.

—Insisto. Pero no se sorprenda demasiado si de vez en cuando salen de mi boca un par de consejos sobre ventas.

PERSPECTIVAS AL MINUTO

Pausar, reflexionar y aprender

- Establezca ciertas reglas básicas al principio para el tipo de colaboración que esperan mutuamente. ¿Cuán frecuentemente se reunirán? ¿Enviarán correos, texto, o harán llamadas telefónicas entre reuniones? ¿Con cuánta frecuencia?

- Al principio de la relación, cuando mentor y alumno se están conociendo el uno al otro y edificando un fundamento para su relación, la colaboración debería ser más frecuente.

- Existe una diferencia entre mentoría y *coaching*. El *coaching* se enfoca en asuntos a corto plazo relacionados con la tarea. La mentoría se enfoca en metas generales a largo plazo.

*

EMPRENDA LA ACCIÓN

COLABORACIÓN

*Acuerden maneras de colaborar que funcionen
con sus personalidades y calendarios.*

*

LA tarde del lunes siguiente, Josh estaba de viaje de regreso a casa por la autopista, y su mente estaba en las nubes con su charla en la radio usual y a la vez aburrida. De repente, recordó el consejo de Diane sobre utilizar las horas fuera del trabajo para la introspección. Apagó el ruido de la radio e hizo todo lo posible para acallar su mente.

Unos kilómetros después observó un cartel publicitario que anunciaba una universidad en línea. A medida que se acercaba, vio que la escuela ofrecía una maestría en relaciones públicas y comunicaciones. Sus pensamientos se dirigieron a los tiempos felices que había pasado cuando trabajaba en el periódico de su universidad, entrevistando a personas y escribiendo artículos.

—¡Un momento! —dijo en voz alta—. ¡Ese podría ser un camino para avanzar!

Una maestría en comunicaciones le inspiraba mucho más que pensar en otra en administración de empresas, como le había sugerido su hermano. Ya que era un programa en línea, también podía mantener su empleo a la vez que estudiaba.

En cuanto llegó a casa, escribió un correo electrónico.

Apreciada Diane:

No puedo esperar a hablarle de lo que me sucedió hoy de regreso a casa. Creo que podría haberme tropezado con algo importante. ¡Eso sí es el poder de la introspección!

¿Podríamos tener una reunión, ya sea en persona o por teléfono, pronto?

Sinceramente:
Josh

*

El avión de Diane aterrizó en el aeropuerto de Heathrow y se dirigió a la puerta. Ella encendió su teléfono para comprobar su correo, y le agradó ver un nuevo mensaje de Josh, que parecía haber aceptado su consejo de mantenerse en contacto con más regularidad. Después de leerlo, escribió una respuesta rápida:

Apreciado Josh:

Acabo de aterrizar en Londres, donde me han invitado a una reunión urgente del consejo de dirección. Aún no tengo todos los detalles, pero mi calendario es estar aquí hasta el viernes. Sin duda alguna, parece que va a ser una semana frenética. Puedo sacar tiempo para hablar si es urgente, pero si puede esperar hasta la próxima semana, preferiría que nos reuniéramos en persona almorzando juntos en el Bayside Grill el lunes.

Diane

Josh respondió:

No hay problema. ¡Parece que ambos tenemos noticias que compartir! Nos vemos el lunes.

*

Diane se sentó en una mesa oval grande con los seis miembros del consejo de dirección de Quest Media, incluido el presidente de la empresa. Además de Diane, estaban allí varios otros líderes de arriba, incluido el vicepresidente de finanzas, operaciones y *marketing*.

Esa era la primera vez en sus treinta y cinco años en la industria que había asistido a una reunión de emergencia del consejo. Estaba nerviosa, pero también sentía curiosidad.

El presidente del consejo, Isaac Rosenthal, comenzó.

—La razón de que les hayamos invitado a todos ustedes a esta reunión fuera de la sede es que nos preocupan algunas cosas con respecto al desempeño de Quest Media. Queríamos hablar y recibir retroalimentación de todos los jugadores clave de la empresa que fuera posible.

Durante la hora siguiente estuvieron hablando de que mientras los beneficios estaban aumentando, los gastos estaban creciendo con más rapidez que el margen general de beneficio. Ya que esa tendencia no era sostenible, el consejo quería oír las ideas del equipo de gerencia superior.

Tras otra hora más de conversación, el presidente Rosenthal dijo:

—Hemos generado aquí algunas buenas ideas. Durante el próximo trimestre creo que todos nosotros necesitamos dar un paso atrás, ver lo que está sucediendo y regresar con un plan de cambio.

Entonces miró a Diane.

—Creo firmemente que producción menos ventas resulta en chatarra. Como vicepresidenta de ventas, usted sabe eso mejor que nadie, Diane. Siempre he admirado su ética de trabajo y su creatividad. Como usted es quien lleva más tiempo trabajando en la empresa y probablemente sabe más que nadie sobre el negocio, me gustaría que considerara presidir ese grupo de plan de cambio.

Exteriormente, Diane asintió con la cabeza. Interiormente, pensó: *¿Por qué siempre tengo que ser yo?*

De regreso en el hotel esa noche, Diane sacó su diario de mentoría de su cartera. Necesitaba escribir sobre los sentimientos contradictorios que estaba teniendo. Por un lado, se sentía halagada de que Isaac le hubiera designado para un papel de liderazgo; por otro lado, ese sería otro compromiso a largo plazo que le ocuparía tiempo.

Su cuaderno se abrió en la página donde había escrito su misión de mentoría para ayudar a Josh a «recuperar claridad y pasión por» su trabajo en la vida. Tuvo que sonreír. Claramente, ella estaba en la misma misión.

Decidió seguir su propio consejo y dedicar el resto de la tarde a la introspección.

PERSPECTIVAS AL MINUTO

Pausar, reflexionar y aprender

- Tomar tiempo para la introspección es esencial para alumnos y mentores por igual.

- ¿Cuándo fue la última vez que se detuvo para dar un paso atrás en su vida y obtener una perspectiva de cuadro general?

- Establezca un tiempo regular para pensar sobre dónde está y dónde quiere estar.

- Escribir sobre asuntos que surjan durante la introspección puede ayudar a aclararlos.

EL lunes siguiente, Diane y Josh se reunieron para almorzar en el Bayside Grill.

—Agradezco mucho que se reúna hoy conmigo, especialmente considerando que acaba de regresar de una reunión importante en Londres —dijo Josh.

—En realidad esperaba con ganas nuestro almuerzo. Durante toda una semana no he hecho otra cosa, sino asistir a reuniones de negocios, y es estupendo cambiar de canal. ¿Cuáles son esas noticias emocionantes que tiene que contarme? —le preguntó ella.

—¿Qué le parecería si hiciera una maestría en relaciones públicas y comunicaciones?

—¿De dónde ha salido esa idea? —dijo Diane.

—Lo crea o no, lo vi anunciado en un cartel publicitario cuando iba conduciendo hacia casa. Acababa de apagar la radio para hacer la introspección que usted me recomendó y, vaya, ahí estaba.

—Recuerdo que dijo que le gustaba el trabajo que hacía en el periódico de su universidad.

—Sí, mucho —dijo Josh—. Lo que me emociona es que es un programa en línea, de modo que puedo estudiar a la vez que sigo trabajando. Además, el precio es bastante manejable. ¿Y quién sabe dónde puede conducir? Quizá algún día llegue a ser el director de comunicaciones de JoySoft.

—Creo que es una idea estupenda —dijo Diane—. Aunque no puede existir ninguna empresa si no hay ventas, las comunicaciones y RP son áreas críticas en cualquier negocio.

—Esperaba que dijera usted algo como eso —dijo Josh.

—Ahora que lo pienso, ¿le gustaría hablar con el director de nuestro departamento de RP para aprender más sobre ese campo?

—¡Eso sería genial!

—Sugiero que tenga una charla con su jefa para hablarle sobre lo que está pensando. Por lo que me ha dicho, tengo la impresión de que ella quiere ayudar a su desarrollo, ya sea que se quede usted en ventas o busque otro empleo dentro de la empresa. Me parece que ella apoyaría su idea.

—Eso espero —dijo Josh—. ¿Y qué de usted? ¿Qué tal le fue en su viaje a Londres?

—Están sucediendo muchas cosas, y estoy un poco abrumada, para ser sincera. Me han pedido que dirija un gran comité para ayudar a dar un giro a nuestra empresa.

—¿Y aceptó el trabajo? —preguntó Josh.

—No, no lo hice. En cambio, seguí mi propio consejo.

—¿Qué consejo es ese?

—El consejo que le di sobre tomar tiempo para pensar y tener perspectiva. Asumir responsabilidad y hacerlo todo ha sido mi *modus operandi* durante décadas. Esta vez me evité a mí misma aceptar automáticamente, que es lo que habría hecho en el pasado. Voy a tomar algún tiempo para considerar todas mis opciones.

—Así que, después de todo, esto de la mentoría es una calle de doble sentido —dijo Josh.

—Sin duda.

—Ha sugerido que tenga una charla con mi jefa para declarar mi verdad sobre estudiar mi maestría. Perdóneme si no es asunto mío, pero ¿no debería usted también decirle a su consejo de dirección lo que está pensando?

—Debería hacerlo —dijo Diane.

Ella sonrió y meneó la cabeza.

—Warren tenía razón. Al ayudarle a usted a saber hacia dónde va, estoy descubriendo cuáles serán mis pasos siguientes.

*

Mientras Josh caminaba por el pasillo hacia el despacho de Eva, sentía mariposas en el estómago; pero esta vez imaginó a Diane dándole ánimos.

Eva estaba mirando el reporte de ventas de Josh cuando él entró.

—Felicidades por el repunte en su rendimiento —le dijo ella—. ¿Cómo ha sucedido?

—Acepté su consejo, me tragué mi orgullo y comencé a seguir algunas indicaciones de Eric.

Eva sonrió.

—Me alegro. Sus cifras de ventas mejoradas, ¿significa que tiene más entusiasmo con respecto a su trabajo?

—Sin ninguna duda, tengo más entusiasmo ahora que mis cifras están aumentando —dijo Josh.

—Eso es estupendo —respondió Eva.

—Pero he estado pensando en lo que usted dijo durante mi evaluación trimestral.

—¿Qué fue lo que dije?

—Usted dijo que debería aumentar mis cifras o redirigir las energías de mi carrera, porque las ventas no son para todo el mundo.

—Siga hablándome de eso.

Josh se aclaró la garganta.

—¿Qué le parecería que yo haga una maestría en comunicaciones estudiando en línea?

Eva se reclinó en su silla.

—Varias personas de JoySoft han comprobado que progresar en sus estudios es beneficioso, aunque significa que ya no tendrá libres las noches y los fines de semana.

—Me doy cuenta de eso, pero creo que mejoraría mis fortalezas. ¿Y quién sabe? Podría hacerme más valioso para la empresa.

—El tiempo lo dirá. Pero se debe a usted mismo encontrar un trabajo que le inspire. Mientras pueda mantener elevadas sus cifras de ventas mientras estudia, no tengo nada que objetar.

—Gracias por su apoyo —dijo Josh—. Es usted una jefa estupenda, y no doy eso por sentado. Por difícil que fue que usted señalara mi mal rendimiento, su guía me ha resultado muy valiosa en estas últimas semanas. Incluso me está gustando aprender de Eric.

—Debo decir, Josh, que estoy realmente impresionada con su actitud hoy, pues es muy diferente a cuando charlamos hace un par de meses. Francamente, tenía algunas preocupaciones acerca de usted, y me alegra mucho que esté dando un giro a las cosas.

*

Diane dio un profundo suspiro, agarró el teléfono y llamó a Isaac Rosenthal, el presidente de Quest Media. Después de un breve saludo, ella fue directamente al grano.

—He estado pensando en nuestra reunión en Londres, y el cambio del que hablamos.

Isaac soltó una risa sin gracia.

—Yo no solo pienso en ello, también me quita el sueño. ¿Qué está pensando?

—Agradezco su sugerencia de que yo tome las riendas del comité de cambio, pero no estoy segura de estar a la altura para eso en este momento.

—¿Qué quiere decir?

—Francamente, creo que es más responsabilidad de la que estoy dispuesta a aceptar en este momento.

Isaac hizo una pausa antes de responder.

—Me decepciona, pero agradezco su sinceridad. No estará pensando en jubilarse, ¿verdad?

—No totalmente, no.

—¿Qué planes tiene?

—Eso es lo que intento descifrar; pero lo que sí sé es que el papel que usted ha pensado para mí no es el que quiero desempeñar. Creo que Larry Zuniga, con su mentalidad operativa, podría ser perfecto para la tarea. Él y yo mantuvimos muy buenas conversaciones en Londres.

—¿Larry? —Isaac parecía intrigado—. Es una idea interesante, Diane. Voy a pensarlo.

PERSPECTIVAS AL MINUTO

Pausar, reflexionar y aprender

- Como mentor, aliente a su alumno a decir la verdad sobre en qué punto está y lo que quiere. Al mismo tiempo, declare la verdad sobre en qué punto está usted y lo que quiere.

- Como alumno, usted también tiene observaciones que ofrecer. No caiga en la trampa de permitir que su mentor lleve siempre la iniciativa en las conversaciones.

- A veces, tan solo por hacer una pregunta, un alumno puede marcar una diferencia positiva en la vida de un mentor.

JOSH asomó su cabeza en el despacho de Eric.

—¿Tienes un minuto? —le preguntó.

Eric, que estaba a punto de hacer otra llamada, dejó a un lado su teléfono.

—Claro. Siéntate.

Josh se agachó hasta sentarse en la silla sin brazos que estaba al lado del escritorio de Eric. Citas motivacionales enmarcadas, junto con el famoso calendario de Eric, llenaban las paredes del despacho privado de Eric.

—Veo que sigues poniendo esas X rojas ahí —dijo Josh.

—Sí.

—Pues yo ahora también tengo un calendario como ese —dijo Josh—. Ayuda.

—Sí, lo sé. Es algo respecto a la gratificación visual al instante. Y he observado que tus cifras están aumentando; parece que has recuperado tu chispa.

—Gracias a las cosas que tú me indicaste como *coach* —respondió Josh—. Pedí referencias y les hice un seguimiento; hice llamadas no solicitadas; volví a conectar con clientes que llevaban algún tiempo sin comprarnos, e hice más ventas en cuentas ya existentes.

—¡Excelente! —exclamó Eric.

—Todas esas cosas han hecho que aumenten mis cifras de ventas, pero he vuelto a llegar a un terreno plano. Llevo toda la semana sin cerrar un solo trato, y me preguntaba si tendrías otras ideas.

—Solamente tres —dijo Eric.

—Genial. ¿Cuáles son?

—Prospección, prospección y prospección; en ese orden.

Josh sintió menos que entusiasmo por la respuesta de Eric, y parece que se reflejaba en la expresión de su cara.

—¿Crees que hay alguna fórmula mágica? —dijo Eric—. No la hay; tan solo trabajo duro. Mira, cada persona con la que te encuentres es un cliente en potencia. Tu conductor de Uber; tu tía Margaret; el gerente en tu tienda local de electrónica.

Josh tenía preguntas sobre la amplia generalización de Eric.

—¿Todos? —preguntó dudosamente.

—Todos —dijo Eric con firmeza.

*

La siguiente reunión personal de Josh y Diane tuvo lugar en el parque Griffith. Habían planeado con antelación vestir pantalones cortos y zapatillas de correr.

—Gracias por estar de acuerdo en la multitarea —dijo Diane—. Este es el único rato que podré sacar hoy para hacer ejercicio. Espero que no le importe si caminamos a ritmo rápido.

—Desde luego que no —dijo Josh—. Según un artículo que leí, las reuniones que se hacen caminando aumentan la creatividad. Mi jefa, Eva, está a favor de hacerlas.

—Hablando de Eva, ¿tuvo oportunidad de hablar con ella sobre su idea de hacer una maestría?

—Sí. Ella me apoyó y dijo que mientras mantenga mis cifras, lo que haga con mi propio tiempo es mi decisión.

—¡Esas son buenas noticias! —exclamó Diane con entusiasmo.

—¿Y usted? —preguntó Josh—. ¿Sigue sintiéndose abrumada? ¿Habló con el presidente de su consejo?

—En cierto modo sí —respondió Diane—. El trabajo es intenso, pero al menos no tendré que viajar durante algunas semanas; y le lancé que no quería dirigir el equipo de cambio.

—¿Cómo resultó eso?

—No demasiado mal, especialmente porque seguí un buen consejo que aprendí de Warren. Él me dijo: «Diane, si ofreces una alternativa en lugar de solamente negarte de plano a una idea, te irá bien en la vida». Hasta ahora he descubierto que es cierto.

—¿Cuál fue su idea alternativa? —preguntó Josh.

—Mi alternativa es una persona: Larry Zuniga. Ha sido nuestro vicepresidente de operaciones en Quest Media durante ocho años. Él es realmente ambicioso, y tiene nuevas ideas estupendas que creo que pueden ayudar de veras a la empresa en este momento.

Su conversación fue decayendo a medida que el sendero se volvía más empinado. Por debajo de ellos se extendía en la distancia la ciudad de Los Ángeles.

Cuando llegaron a la cima, Diane dijo:

—Cultivar relaciones productivas es una clave importante para el éxito. ¿Recuerda cuando le pregunté si le gustaría hablar con el director de nuestro departamento de relaciones públicas?

—Sí, claro —dijo Josh.

—Le hablé de su interés en escribir y en las comunicaciones, y él dijo

Cultivar relaciones productivas es una clave importante para el éxito.

que le alegraría pasar tiempo con usted. Es un hombre que inspira —metió la mano en la bolsita que llevaba alrededor de la cintura y sacó una tarjeta de visita—. Me dio esto para usted y me dijo que le llamara.

Josh agarró la tarjeta y miró el nombre:

DOUG SHARF
Director de comunicaciones, Quest Media

*

Josh llegó temprano para su reunión con Doug. Mientras estaba sentado en la pequeña zona de recepción fuera del despacho de Doug, pensaba en lo que planeaba decirle. Él sabía que las entrevistas informativas sobre una carrera en particular en realidad eran para encontrar hechos: entender lo que alguien hacía, por qué, y después intentar decidir si ese tipo de trabajo encajaba con la persona.

Doug saludó cálidamente a Josh y le indicó que entrara.

Cuando Josh se sentó en un sillón, miró alrededor del despacho. En las paredes había colgadas fotografías enmarcadas de la hermosa costa del Pacífico de California. Sintiéndose cómodo al instante, comenzó.

—Gracias por recibirme hoy, Doug. Estoy muy agradecido a Diane por ponernos en contacto, y no puedo esperar a saber lo que usted hace y cómo se metió en este trabajo. Puede que Diane le haya dicho que yo siento pasión por la escritura y las comunicaciones, pero no trabajo en eso. Tengo muchas ganas de aprender de personas exitosas que hayan sido capaces de convertir sus pasiones en una carrera profesional, y por lo que he oído de Diane, usted lo ha hecho.

—Eso es un gran elogio, Josh, y no estoy seguro de poder estar a la altura; pero sin duda lo intentaré.

Durante los veinte minutos siguientes, Doug describió que se había criado en una pequeña ciudad en Texas y cómo se abrió camino hasta UCLA para sus estudios universitarios.

—¿Por qué UCLA? —preguntó Josh.

—Yo estaba en el equipo de natación en la secundaria. Siempre quise hacer surf, y oí que California me llamaba. En UCLA, cuando no estaba estudiando o surfeando escribía para el periódico de la universidad.

—Yo también escribía para el periódico de mi universidad —dijo Josh con entusiasmo—. Fue allí donde supe que me encantaba escribir.

—Puedo entenderlo —dijo Doug—. Fue ese deseo incansable de escribir, combinado con el amor por los negocios, lo que hizo que consiguiera mi primer empleo en el departamento de publicidad en una pequeña empresa editora.

—¿Cómo terminó usted en Quest? —preguntó Josh.

—Uno de los altos ejecutivos era uno de mis compañeros de surf, y cuando quedó vacante un puesto en el departamento de comunicaciones hace unos quince años, él me dijo que enviara una solicitud. Este es un lugar emocionante. Hacemos un trabajo creativo y de vanguardia, y nuestro equipo tiene muchísimo talento. Me ha encantado desde el primer día, y tuve la fortuna de ser ascendido a director un par de años atrás.

—¿Cuáles son sus obligaciones diarias? —preguntó Josh.

Doug empleó otros quince minutos para describir en detalle el trabajo que hacía.

—Parece un trabajo de ensueño —dijo Josh.

—Lo es —expresó Doug—. La mejor parte es que todo este tiempo he podido seguir con mi amor por el surf. No hay nada como subirse a una ola y sentir el poder del océano mientras vas volando hacia la orilla.

—Cuando le oigo hablar de surf, Doug, puedo sentir su pasión. Y la locura es que cuando habla usted de su carrera profesional, siento lo mismo. ¿Sabe lo afortunado que es?

—Claro que lo sé; y me siento agradecido cada día —respondió Doug.

—El modo en que ha creado una vida que le gusta en torno al trabajo y el surf es inspirador. Y si lo que me ha dicho Diane es cierto, su entusiasmo tiene un efecto positivo en todo el mundo aquí. Apuesto a que cuando usted era un muchacho de una pequeña ciudad en Texas nunca soñó que un día pisaría el campus de UCLA y edificaría una vida en torno a sus sueños.

—Vaya, tiene razón. Nunca lo había pensado de ese modo. Se le da bastante bien esto de la comunicación. ¡Su capacidad de escuchar y contarme la historia de mi propia vida me inspira incluso a mí!

Doug se levantó y le acercó su mano.

—Ha sido todo un placer.

—Gracias —dijo Josh.

De repente, recordó una de las frases motivacionales en la pared de Eric: *¡Siempre cierre el trato!* Quizá esa era una oportunidad de venta. Podía oír la voz de Eric en su cabeza, recordándole que todo el mundo era una posibilidad.

¿Todos?

Todos.

—Y, Doug, ¿está contento con el sistema de *software* que tiene actualmente? Tengo varios clientes en los medios que utilizan nuestro producto, JoySoft, y están descubriendo que les ayuda realmente a racionalizar el trabajo de su departamento.

Doug pareció disgustado.

—¿Es esto una charla de venta?

De repente, Josh se dio cuenta de su error.

—Lo siento; son gajes del oficio —dijo Josh—. En mi empleo actual se supone que debo considerar a todo el mundo una posibilidad.

Doug frunció el ceño.

—Agradezco su entusiasmo, pero esta reunión no se trataba de eso.

—No, no, lo entiendo —dijo Josh—. Por favor, perdone mi error. Ha sido usted más que amable por recibirme hoy, y he aprendido mucho de su historia. Lo siento de veras.

—Disculpas aceptadas —dijo Doug—. No se preocupe por eso.

Pero Josh sí se preocupó por eso.

PERSPECTIVAS AL MINUTO

Pausar, reflexionar y aprender

- Como mentor, una de las mejores cosas que puede compartir con su alumno es su red de contactos. Piense en personas que podrían apoyar a su alumno y ayudar a que se conozcan.

- Alumnos, ¡no olviden que ustedes también tienen una red de contactos! Estén pensando siempre en personas que podrían ser conexiones relevantes para su mentor, y no sean tímidos a la hora de ofrecerse a presentarlos.

- Pise con cuidado la red de contactos de otras personas. Nunca use ni abuse de las conexiones establecidas para usted. Sea amable y respetuoso con todas las personas implicadas.

*

EMPRENDA LA ACCIÓN

TRABAJAR CON UNA RED DE CONTACTOS

Amplíe su red de contactos con la de su mentor o su alumno.

*

JOSH llamó a Diane inmediatamente después de su entrevista con Doug. Cuando su llamada pasó directamente al buzón de voz, envió un mensaje de texto:

> Gracias de nuevo por presentarme a Doug Sharf.
> Necesito ponerle al día. Es importante. ¿Tiene tiempo
> para una reunión?

Programaron verse para tomar un café al día siguiente.

*

—Dijo que era importante —expresó Diane mientras entraba en la cafetería con Josh—. ¿Qué sucede?

—Usted me confió a uno de sus colegas, y yo metí la pata.

—¿Qué sucedió?

—Doug fue estupendo, y su historia fue realmente inspiradora. Todo fue bien hasta el final de nuestra reunión. Yo no dejaba de oír la voz de Eric en mi cabeza diciéndome: «¡Siempre cierre el trato!», y que todo el mundo es un prospecto. Antes de darme cuenta, estaba más o menos queriendo venderle un *software*. Lo siento de veras, Diane. Lo último que quería era que se sintiera ofendido.

—Gracias por hablarme de eso; pero Doug ya me llamó.

Josh bajó los hombros.

—¡Oh, vaya por Dios!

—¿Quiere saber lo que me dijo?

—Ya me lo puedo imaginar. Pero dígamelo.

—Habló mucho tiempo sobre la conversación tan estupenda que tuvieron, el joven tan talentoso que parecía usted ser, y cómo sus amables preguntas le hicieron reflexionar sobre un periodo importante de su vida.

—¿De veras?

—Sí. Y me dijo que justo cuando usted estaba a punto de irse, casi comenzó a venderle un *software*; pero me dijo que se disculpó inmediatamente e incluso le envió una bonita nota.

Josh soltó un suspiro de alivio.

—Aun así, no le culparé a usted si no vuelve a confiarme otro de sus contactos.

—Por el contrario, confío en usted incluso más ahora, después de esto —dijo Diane de modo directo.

—¿Y cómo es eso?

—Todos cometemos errores. El modo en que una persona maneja esos errores es lo que hace que sea digna de confianza o no. Usted manejó esto admitiendo rápidamente su error y disculpándose por él, tanto con Doug como conmigo.

—Me gustaría no haber cometido el error.

Diane sonrió.

—Bienvenido a la raza humana. Ahora, hábleme de su fin de semana. ¿Cómo va todo?

—Las cosas van bien. Comencé mi primera clase con el fin de conseguir mi maestría en línea, así que estudié bastante el sábado; pero el domingo saqué tiempo para ir en bicicleta con Ricky.

> **Todos cometemos errores. El modo en que una persona maneja esos errores es lo que hace que sea digna de confianza o no.**

—Ricky, ¿su hermano pequeño en el programa de Hermanos Mayores, Hermanas Mayores?

—Correcto. Hablando de eso, oí un rumor de que Linda podría dejar la organización. ¿Sabe usted algo de eso?

—No —dijo Diane.

—Espero que no sea cierto, porque todos la extrañaríamos. Ella es la mejor.

—Mark y yo vamos a ir este viernes al evento anual para recaudar fondos. Le preguntaré. ¿Irá usted también?

Josh meneó negativamente la cabeza.

—Me temo que tengo que estudiar; pero dígale a Linda que le envío un saludo.

PERSPECTIVAS AL MINUTO

Pausar, reflexionar y aprender

- La sinceridad con tacto en una relación de mentoría edifica confianza.

- Las relaciones de mentoría no llegan sin retos. Cuando surjan, edifique confianza manteniendo abiertas las líneas de comunicación.

- Se producen errores; el modo en que los maneje es lo que edifica confianza. Admita su parte en cualquier error y discúlpese si es apropiado.

*

EMPRENDA LA ACCIÓN

CONFIANZA

Edifique y mantenga confianza con su compañero de mentoría diciendo la verdad, manteniéndose en contacto, y siendo fiable.

*

LA tarde del viernes, el sol comenzaba a ponerse cuando Diane miró por la ventana de su despacho.

—Una moneda por tus pensamientos.

Ella se giró y vio a su esposo, Mark, de pie delante de la puerta.

—¿Mis pensamientos? Estaba recordando la primera vez que vi esta escena, y lo afortunada que me hizo sentir.

—¿Es que ya no te sientes afortunada? —preguntó él.

—Sí, pero por cosas distintas, como tú y nuestras nietas.

—¿Significa eso que te estás acercando a colgar tu sombrero aquí en Quest?

Diane se levantó y comenzó a reunir sus cosas.

—No lo sé. En los pocos días desde que Larry Zuniga ha pasado a dirigir nuestro equipo de cambio, me he sentido más ligera que nunca. Es interesante. El acto de soltar poder, ¿o es soltar responsabilidad?, me hace sentir sorprendentemente maravillosa.

Mark se acercó hasta ella y ayudó a Diane a ponerse el abrigo.

—Eso es bueno, ¿verdad?

—Supongo que sí. Pero ¿a qué me aferro? Además de ti, quiero decir. ¿Qué hago a continuación?

Mark miró su reloj.

—No sé a largo plazo, pero por ahora sugiero que bajes las escaleras, te subas al auto y vayas conmigo al evento anual de Linda para recaudar fondos. Estamos a punto de llegar tarde.

*

Diane y Mark llegaron al Hilton con el tiempo suficiente para acomodarse en su mesa y conocer a sus compañeros de cena antes de que comenzara el programa. Fue entonces cuando Linda Partridge ocupó el podio, dio una cálida bienvenida a la audiencia y dio las gracias a todos por su asistencia.

—A aquellos entre ustedes que no estén familiarizados con nuestra organización les espera una sorpresa esta noche —dijo Linda—. Por más de cien años, Hermanos Mayores, Hermanas Mayores ha operado bajo la creencia de que todos los niños tienen la capacidad inherente de tener éxito y prosperar en la vida.

No podría estar más de acuerdo, pensó Diane.

—Como la red de contactos de mentoría más grande de la nación, sostenida con donantes y voluntarios, Hermanos Mayores, Hermanas Mayores establece relaciones significativas y supervisadas entre voluntarios adultos, a quienes llamamos «Mayores», y jóvenes de entre seis y dieciocho años de edad, a quienes llamamos «Menores», en comunidades por todo el país. Como escucharán más adelante en nuestro programa, desarrollamos relaciones positivas que tienen un efecto directo y duradero en las vidas de jóvenes.

De repente, Linda tenía toda la atención de Diane. Aunque el enfoque era distinto, en ciertos aspectos el trabajo realizado por Hermanos Mayores, Hermanas Mayores era similar a la mentoría que ella estaba haciendo con Josh. Escuchó con un interés renovado.

—Esta noche vamos a escuchar a una pareja Mayor y Pequeño cuya relación de mentoría cambió las vidas de ambos para mejor.

Linda presentó a Fran, una mujer de mediana edad, y a Toni, su «Pequeña» adolescente.

La adolescente, que se veía bastante madura con su vestido a la altura de la rodilla y un toque de lápiz de labios, pasó al micrófono.

—Cuando tenía dos años de edad, mi padre abandonó a nuestra familia —comenzó Toni—. En el sexto grado yo salía con muchachos pandilleros. Era la gente con la que me crié; esa es la vida que conocía. Me expulsaron de la escuela por consumir drogas en el séptimo grado. Tenía muy mal genio; estaba enojada con todo el mundo y con todo. Me aborrecía a mí misma —su voz temblaba.

Fran, la «Mayor» de Toni, se acercó a ella y la rodeó con su brazo.

Toni se aclaró la garganta y continuó.

—Entonces conocí a Fran —la muchacha se giró y mostró a su mentora una rápida sonrisa—. Ella me hizo sentirme bien conmigo misma. Me escuchaba de verdad, y cuando yo tenía interés en intentar hacer algo, Fran me ayudó a que sucediera. El año pasado me gradué de secundaria con honores, y en agosto me gradué como soldado en el programa de verano de Young Marines.

La audiencia prorrumpió en aplausos.

Fran, la Mayor de Toni, fue breve en sus comentarios.

—Yo tenía más o menos la edad de Toni cuando murió mi padre, así que sé lo que se siente al ser una adolescente sin un papá. Lo único que puedo decir es que mi vida es infinitamente mejor con Toni a mi lado. Ella me ha enseñado a apreciar lo que tengo, y a ver el mundo con nuevos ojos cada día. Por lo que a mí respecta, somos amigas y colegas de por vida.

Para su sorpresa, los ojos de Diane se llenaron de lágrimas. La relación de mentoría de Fran y Toni era mucho más personal que la que ella tenía con Josh, y le llegó en un nivel profundo.

Cuando terminó el programa formal, Linda regresó al podio.

—Como algunos de ustedes ya saben, este será mi último evento como su presidenta de programa. Tras cinco años maravillosos, he decidido que ha llegado el momento de no seguir; no puedo decirles el honor que ha sido para mí ser parte de esta organización. Gracias a todos por su apoyo, que espero que continúe cuando me vaya.

Así que el rumor es cierto, pensó Diane.

Ella y Mark se unieron a la audiencia para dar otro aplauso. Linda salió del escenario, y la sala se llenó de conversación mientras servían la cena.

Durante el postre y el café, Diane se acercó a la mesa de Linda. Se dieron un abrazo, y Lisa insistió en que Diane se sentara y charlaran un poco.

—¿Han encontrado ya un sustituto para ti? —preguntó Diane.

—¡Ella es insustituible! —dijo uno de los compañeros de mesa de Linda—. Va a dejar un hueco en esta organización lo bastante grande para que lo atraviese un tanque.

—Nadie es insustituible —dijo Linda—. Y aunque he amado mucho el tiempo que pasé aquí, estoy lista para un cambio.

—Sé a lo que te refieres —dijo Diane.

Más adelante, Linda la llevó a un lugar aparte.

—Diane, desde la última vez que almorzamos he estado pensando. Si realmente estás considerando un cambio, deberías pensar en ocupar mi papel. Solamente tenemos un sustituto temporal. El consejo directivo estaría entusiasmado de tener al timón a alguien con tu experiencia y talento; y yo creo que sería una manera increíble para que te *reafirmaras*, no que te retiraras. Pasar del éxito a la importancia, por así decirlo.

A Diane le agarró por sorpresa. Nunca se le había ocurrido ayudar a dirigir una organización sin ánimo de lucro. ¡Eso sí que era poder devolver algo y disfrutar de satisfacción emocional! Después de todo, ella tuvo que arreglarse el maquillaje después de la presentación de Toni y Fran esa noche.

—Es cierto que aún no estoy preparada para retirarme; pero francamente, no sé qué decir.

—Entonces no digas nada —respondió Linda—. Solo piénsalo.

De regreso a casa en el auto esa noche, Diane le habló a Mark de su conversación con Linda.

—¿Presidenta de la división local de Hermanos Mayores, Hermanas Mayores? Es una idea interesante —dijo él—. Si eso logra que dejes de viajar y te da satisfacción, ¡yo digo que lo hagas!

PERSPECTIVAS AL MINUTO

Pausar, reflexionar y aprender

- Cultive y alimente las importantes relaciones dentro de su red de trabajo.

- Su relación de mentoría le dará nuevas perspectivas e ideas.

- Sea un mentor o un alumno, manténgase alerta y abierto a las nuevas oportunidades que surjan mediante su experiencia de mentoría.

SEIS meses después, Diane tuvo la oportunidad de compartir lo que había aprendido sobre mentoría con una amplia audiencia. Estaba sentada delante de un micrófono en la diminuta sala de sonido de la KBLX, afiliada local de una popular red radial nacional. Sentada al otro lado de la consola estaba la presentadora del programa, Brandy Aston.

Brandy sonrió a Diane y leyó ante el micrófono:

—Desde Platón y Aristóteles; hasta Mahatma Gandhi y Martin Luther King; hasta Benjamin Graham y Warren Buffet, las mentorías han estado empoderando a personas durante miles de años. Bienvenidos a todos; soy Brandy Aston, y hoy estaremos hablando con Diane Bertman, presidenta de la división en Los Ángeles de Hermanos Mayores, Hermanas Mayores, para descubrir qué es la mentoría, por qué es cada vez más popular, y lo que puede hacer por ustedes. Buenas tardes, Diane.

—Buenas tardes —dijo ella.

—Díganos, ¿por qué debería alguien ser mentor? —preguntó Brandy.

—Bueno, Brandy, los motivos son muchos. Por un lado, las habilidades de liderazgo que aprendes como mentor pueden hacer que seas más valioso para tu jefe, y la investigación respalda esto. Un estudio reciente mostró que los gerentes que eran también mentores fueron ascendidos seis veces más frecuentemente que quienes no lo eran.

—Sé que la mentoría ha sido útil en mi carrera —dijo Brandy—. ¿Y en la de usted? Llegó a ser una de las principales vendedoras en uno de los conglomerados de comunicación más grandes del país. ¿Qué papel desempeñó la mentoría en su carrera profesional?

—Desde muy pronto tuve la fortuna de tener a un mentor maravilloso, Warren Riggs. Él me enseñó sobre crear una misión para mi carrera, y también me mostró cómo conectar con las personas y construir relaciones productivas con ellas.

Las habilidades de liderazgo que aprendes como mentor pueden hacer que seas más valioso para tu jefe.

—Eso suena ideal.

—Fui afortunada. También tengo el privilegio de ser mentora de un joven que está al principio de su carrera profesional, y eso también está teniendo un impacto positivo en mi vida.

—¿De qué manera?

—En el curso de ayudarlo a él a encontrar su pasión, yo volví a encontrar la mía.

—¡Eso es maravilloso! —exclamó Brandy—. Hábleme de él.

—Cuando nos conocimos, él estaba batallando en su trabajo como agente de ventas. Hoy está motivado en el trabajo y está haciendo una maestría. Está trabajando en encontrar y desarrollar sus fortalezas.

—Parece que su mentoría ha tenido bastante impacto en él.

—Cuando una persona toma la decisión de tener un mentor, los dos se vuelven un equipo a la hora de desatar su propio potencial. Ya sea ser mentor de nuevos contratados, mentoría entre iguales, o mentoría de adulto a adolescente, hay miles de casos de estudio que demuestran claramente el poder de la relación mentor-alumno.

Miles de casos de estudio demuestran claramente el poder de la relación mentor-alumno.

—Debe de haber tenido un verdadero sentimiento de satisfacción porque su mentoría haya marcado una diferencia en la vida de otra persona.

—Así es, pero lo realmente asombroso es el modo en que mi alumno ha aportado cosas a mi vida. Mire, conocí a Josh mediante nuestra amiga mutua, Linda Partridge, quien ocupaba mi puesto como presidenta de la división en L.A. de Hermanos Mayores, Hermanas Mayores. Josh ha sido un Hermano Mayor durante varios años, y su conocimiento sobre la organización me resultó muy útil cuando pasé a ocupar la posición de Linda.

—Entonces, los beneficios de la mentoría pueden ir en ambos sentidos, o entre generaciones, como usted dijo.

—Efectivamente —respondió Diane.

—Muy bien, digamos que yo quiero ser un mentor. ¿Cómo empiezo?

—Eso depende de qué tipo de mentoría le interese. Si quiere marcar una diferencia en la vida de una persona joven, llamar a una organización como Hermanos Mayores, Hermanas Mayores es un lugar estupendo para empezar. Si le interesa la mentoría profesional, muchas corporaciones tienen o están desarrollando programas formales de mentoría. Si su empresa no tiene aún un programa formal, usted puede empezar uno.

—¿Cómo? —preguntó la presentadora.

—El mejor lugar para comenzar es con su presidente del departamento de recursos humanos, quien probablemente apoyará la idea e iniciará muchas cosas en la organización y el trabajo preliminar. En resumen, implica encontrar empleados que estén interesados en una relación de mentoría, y después emparejar a las personas. También es importante proporcionar pautas clave con respecto a lo que funciona y lo que no funciona. Finalmente, es útil ofrecer un sistema de evaluación para asegurarse de que las relaciones de mentoría estén funcionando bien.

—¿Y si no sientes que tienes la aptitud o la formación para ser un mentor?

—Para ser mentor de jóvenes no se necesita entrenamiento formal. Lo único que importa es tener un corazón que se interesa y sacar algo de tiempo para esa persona; y para ser mentor de compañeros profesionales, solo hay que estar dispuesto a emplear un tiempo fuera del trabajo de vez en cuando. Le sorprenderá lo mucho que ya sabe, y lo mucho que aprenderá al ser mentor de otros.

Durante los veinte minutos siguientes, Diane continuó respondiendo las preguntas de Brandy, hablando de un amplio abanico de temas: la importancia de tener una declaración de misión mutuamente acordada; cómo consolidar la relación mediante la colaboración; el modo correcto e incorrecto de aprovechar las conexiones de la red de trabajo de un mentor; la importancia de edificar confianza; cómo crear y seguir oportunidades mutuamente; y cómo seguir el rastro al progreso.

Parecía que estaban haciendo el calentamiento cuando Diane oyó música en sus auriculares: la indicación de Brandy para terminar la entrevista.

—Estamos en el final de nuestro programa —dijo Brandy—, pero quiero darle las gracias,

Diane Bertman, por estar hoy aquí conmigo. Estoy segura de que sus ideas y perspectivas han sido útiles para nuestros oyentes. Y a nuestra audiencia, gracias por sintonizar con nosotros. Soy Brandy Aston, su presentadora en KBLX Headlines. Hasta mañana, disfruten todos del sol.

Brandy esperó a escuchar un pitido, se quitó los auriculares y sonrió a Diane.

—Lo ha hecho estupendamente —le dijo.

—Gracias, un placer. Solo por curiosidad, ¿cuántas personas escuchan el programa?

—No estoy segura del todo, pero el podcast tiene alrededor de medio millón de descargas al mes.

—¿Podcast? —preguntó Diane, antes de darse cuenta y recordar que su hija, Sarah, los escuchaba todo el tiempo cuando salía a correr con las gemelas en su sillita.

—Nuestros podcast son bastante populares —afirmó Brandy—. De hecho, esperamos ampliar nuestra emisión con un segmento sobre negocios. Unas nuevas becas que llegaron este año nos permiten formar un equipo increíble. Acabamos de comenzar.

—¿Ha dicho un segmento sobre negocios? —preguntó Diane.

—Sí. Los consejos sobre negocios son por lo general el tema más popular en nuestro programa radial diario.

Los engranajes en el cerebro de Diane comenzaron a moverse.

¿Era ese el tipo de trabajo que podría gustarle a Josh algún día? A él le encantaba contar historias, y le encantaba entrevistar a personas. Ella podía verlo fácilmente creando contenidos para un programa como ese.

—Dijo que acaban de comenzar. Yo soy mentora de un joven talentoso que está trabajando en su maestría en relaciones públicas y comunicaciones. Sé que tiene que hacer una tesis para la maestría, y quizá podría ayudar a crear contenidos para los oyentes. ¿Estaría dispuesta a hablar con él?

—Me encantaría —dijo Brandy.

*

Cuando Diane llegó a casa, su primer pensamiento fue hacer una llamada a Josh e informarle de su conversación con Brandy; pero ya tenía un mensaje de voz de Josh:

Diane, ¡un gran trabajo en la entrevista radiofónica!
¿De verdad le ayudé a volver a encontrar su pasión?
Llámeme cuando pueda.

Diane marcó el número de Josh y él respondió enseguida.

—Gracias por el mensaje de voz —le dijo ella—. Sí, de veras me ayudó a encontrar mi pasión. Mientras regresaba a casa tras la entrevista, estaba pensando en el hecho de que nuestra relación entre mentor y alumno se ha convertido en una mentoría intergeneracional. Ha sido realmente una relación en la que todos ganamos.

—Estoy de acuerdo. Sin usted, nunca habría sobrevivido en JoySoft o habría seguido la maestría.

—Hablando de la maestría, después de nuestra entrevista, Brandy mencionó que en KBLX estarán ampliando su emisión con un segmento sobre negocios. Yo tuve la brillante idea de que quizá su tesis para la maestría podría enfocarse en ayudarlos a crear contenidos para el segmento.

—¡Qué gran idea! Estoy en el punto en mi programa en el que me piden que identifique un tema para la tesis.

—Muy bien, lo organizaré para que Brandy y usted puedan hablar; pero antes, podría ser una buena idea poner al día a su jefa.

*

—¿Preparado?

Josh levantó la mirada para ver a su jefa, Eva, y sintió una ráfaga de emoción. De nuevo, observó lo distinto que se sentía ahora, diferente a aquella infame evaluación de rendimiento de muchos meses atrás.

—Preparado —respondió él.

En el despacho de Eva, Josh puso al día a su jefa con respecto a su programa de maestría y el enfoque de su tesis en crear contenidos para un nuevo segmento sobre negocios en la KBLX.

—Mire, Josh, aunque sigue manteniendo elevadas sus cifras de ventas, parece estar más emocionado por sus estudios de comunicación que por su trabajo en ventas.

—¿Es tan obvio?

—Sí, lo es. Y estaba pensando... ¿le gustaría hablar con el director de nuestro departamento de comunicaciones? Estuve hablando con él hace poco y tiene planes de ampliar su departamento. Podría ser una gran oportunidad para usted, aunque pudiera ser una pérdida para mí.

Josh pareció perplejo.

—Gracias.

—Puedo decir por la expresión de su cara que le sorprende que le haya recomendado a otro departamento. Lo que tiene que entender es que llevo muchos años en esta empresa, y durante ese tiempo he aprendido dos cosas. La primera: lo que es bueno para la empresa es bueno para mí. La segunda: si no ayudamos a los jóvenes talentosos como usted a desarrollar sus carreras dentro de nuestra empresa, nos arriesgamos a que se lleven su talento a otro lugar.

PERSPECTIVAS AL MINUTO

Pausar, reflexionar y aprender

- Hay muchos tipos diferentes de oportunidades de mentoría. A continuación tenemos algunos:

  - **Mentoría con nuevos empleados:** Muchas organizaciones han desarrollado programas formales de mentoría para empleados recién contratados. El concepto es sencillo: emparejar a un nuevo empleado con otro antiguo, y observar al nuevo empleado aprender y crecer.

  - **Mentoría de igual a igual en un contexto de empresa:** Estos programas de mentoría emparejan a iguales dentro de una organización para que sean mentores mutuamente.

- **Mentoría intergeneracional:**
  Implica a dos personas de distintas
  generaciones que se emparejan para
  el beneficio y crecimiento mutuo. Con
  frecuencia, una relación entre mentor
  y alumno se convierte en una mentoría
  intergeneracional.

- **Mentoría de adulto a adolescente:**
  Organizaciones como Hermanos
  Mayores, Hermanas Mayores
  emparejan a adultos con jóvenes para
  darles modelos a seguir y dirección
  positiva.

- Sin importar en qué tipo de mentoría
  participe, es una gran idea compartir
  su experiencia con otros, para que así
  puedan aprender de los beneficios.

*

EMPRENDA LA ACCIÓN

OPORTUNIDAD

*Cree oportunidades para que su
alumno o mentor crezca.*

*

Durante el resto del año, Josh y Diane se reunieron regularmente, aunque con menos frecuencia. En el aniversario de su primera reunión, se encontraron como siempre en el Bayside Grill.

—Es difícil creer que haya pasado todo un año desde que nos reunimos por primera vez —dijo Josh mientras miraba por la sala—, y todo lo que ha sucedido.

—Hacía mucho tiempo que yo no tenía un año tan estupendo —dijo Diane.

—¿Qué hay en nuestra agenda hoy?

—Cuando comenzamos esta mentoría, dijimos que cuando pasara un año evaluaríamos para ver dónde estamos. Eso es lo que me gustaría que hiciéramos hoy.

Diane sacó de su cartera una tarjeta de visita y se la entregó a Josh.

—¿Recuerda esto?

Josh agarró la tarjeta. Impreso en pequeñas letras negras, decía:

Declaración de misión de mentoría

Ayudar a Josh a recuperar claridad y pasión por su trabajo en la vida.

—¿La plastificó? —dijo él con una sonrisa.

—Claro que sí —respondió Diane—. Pensé que sería un bonito regalo de final de año para usted. De esta manera no se le doblarían las esquinas.

—Esa es la ventaja de tener una copia electrónica —dijo Josh haciendo un guiño. Sacó su teléfono, abrió una aplicación y le mostró a Diane la declaración de misión que había en la pantalla—. Los bordes no se desgastan.

—Muy bien —dijo Diane a la vez que reía.

—¿Así que hoy va a ser como una evaluación anual de rendimiento? —preguntó Josh.

—En cierto modo —dijo Diane—. ¿Recuerda cuando le dije que nunca llegaría donde quiere ir si no crea una declaración de misión? Bueno, nunca sabrá que ha llegado si no hace evaluaciones regulares. Hoy me gustaría ver dónde estamos comparándolo con nuestra meta original.

> **Nunca llegaría donde quiere ir si no crea una declaración de misión, y nunca sabrá que ha llegado si no hace evaluaciones regulares.**

—Tiene sentido —dijo Josh.

—Entonces, ¿cree que lo hemos logrado? ¿Le ha ayudado nuestra relación de mentoría a recuperar claridad y pasión por su trabajo en la vida?

—Sin duda, la respuesta es sí —repitió la palabra, con más fuerza la segunda vez—. Sí, ¡sí y SÍ! No solo estoy a punto de conseguir mi maestría, sino que también he cambiado del departamento de ventas al de comunicaciones en JoySoft. Me encanta mi nuevo trabajo. Escribo mucho y saco muchas ideas; apenas lo siento como trabajo.

—Felicitaciones. Está demostrando algo que he dicho por mucho tiempo: si uno ama lo que hace, nunca tendrá que trabajar ni un solo día en su vida.

—Diane, quiero darle las gracias. Hacer un trabajo que me gusta ha sido una de las mejores cosas que han salido de nuestra mentoría.

—Eso hace que me sienta estupendamente. Lo que yo no esperaba, aunque Warren me advirtió que sucedería, era que yo también sería cambiada por nuestra colaboración.

—De una manera buena, espero —dijo Josh.

—Sin ninguna duda. En lugar de dejar Quest, y estar completamente aburrida, siento otra vez pasión por mi carrera. Ser presidenta de la división de Hermanos Mayores, Hermanas Mayores aporta un nuevo significado a mi trabajo y me permite tener tiempo para cosas importantes, como mis nietas.

—Eso es muy genial —dijo Josh—. Me alegro de no ser el único que se ha beneficiado del tiempo que hemos pasado juntos.

—Pero piense en todo lo que ha hecho —dijo Diane—. Pasó usted de ser un agente de ventas agotado con evaluaciones de desempeño irregulares a tener un desempeño sólido en su equipo. Y durante ese proceso, obtuvo claridad sobre dónde quiere que se dirija su carrera, y ahora ha salido y está corriendo.

—Es cierto —dijo Josh—. Me refiero a que en ciertos aspectos habría sido fácil dejar JoySoft cuando el camino se puso difícil, especialmente cuando comencé a entender que no veía futuro en las ventas. Pero quedarme y aumentar mis cifras de ventas me ayudó a obtener la confianza que necesitaba para cambiar mi enfoque y hacer la transición a nuestro departamento de comunicaciones.

—¿Y qué viene a continuación? —preguntó Diane.

—No estoy seguro. Pero no tengo la sensación de estar preparado para no tener mentoría. ¿Podemos seguir durante otro año?

—Esa es una de las cosas de la que iba a hablar, si queríamos o no renovar nuestra colaboración.

—¡Yo sí quiero! —dijo Josh.

—Entonces yo diría que se merece una celebración.

Como si estuviera todo preparado, apareció el camarero con dos copas de champán, llenas hasta el borde con una bebida burbujeante de color dorado.

Los ojos de Josh se abrieron como platos.

—Vaya, Diane; yo normalmente no bebo alcohol en mitad del día.

—No se preocupe —dijo Diane mientras levantaba su copa—. Es chispeante sidra de pera de un famoso huerto francés. No tiene alcohol, pero tiene un aspecto tan festivo como el champán, creo yo.

Josh y ella brindaron, y él dio un sorbo.

—¡Y es incluso más delicioso!

PERSPECTIVAS AL MINUTO

Pausar, reflexionar y aprender

- La evaluación es una parte esencial del proceso de mentoría. No sabrá si ha logrado sus metas a menos que echa la vista atrás para ver hasta dónde ha llegado.

- ¡Recuerde celebrar! La mentoría requiere esfuerzo. No olvide brindar por todo lo que ha conseguido.

- Algunas relaciones de mentoría continúan durante años, mientras que otras se producen durante un periodo finito. Hable con su alumno o mentor sobre lo que es correcto para su relación.

*

EMPRENDA LA ACCIÓN

Evaluación y renovación

Programe un tiempo regular para evaluar el progreso y renovar su colaboración de mentoría.

*

DOS años después, Diane estaba trabajando en su despacho en Hermanos Mayores, Hermanas Mayores cuando recibió una llamada de un viejo amigo.

—¡Warren! —dijo Diane, reconociendo su voz de inmediato—. Es estupendo saber de ti. Estaba aquí sentada pensando en lo mucho que estoy disfrutando mi papel como presidenta de división de esta organización. Y te lo debo todo a ti.

—¿Me lo debes? ¿Cómo es eso?

—Si tú no me hubieras empujado a ser mentora, probablemente seguiría viajando sin descanso para Quest Media o estaría totalmente aburrida al estar jubilada. Pero gracias a que tú me empujaste a ser mentora de otra persona, pude encontrar el camino adecuado para esta etapa en mi propio viaje. Tal como tú dijiste que sucedería.

—Me alegra oír eso. Hablando de tu relación de mentoría, ¿cómo le va a Josh?

—Increíblemente bien. Cuando aterrizó en el departamento de comunicaciones de su empresa, comenzó a brillar de verdad, y rápidamente lo ascendieron a gerente. Ahora está tan metido en sus proyectos que me dice que está confundido en cuanto a la diferencia entre trabajo y juego.

—Eso es una noticia estupenda. ¿Y qué de ti, Diane? ¿Hay algo en tu mente de lo que quieras hablar?

—De hecho, sí, tengo una pregunta. He sido mentora de Josh durante más de tres años ya. Ahora no nos reunimos tan frecuentemente como al principio, desde luego, pero creo que él me sigue considerando su mentora. ¿Qué hacemos a continuación?

—Es una pregunta excelente —dijo Warren—, y me gustaría poder darte una respuesta definitiva, pero me temo que la respuesta radica entre ustedes dos.

—Sigue —dijo Diane.

—Para algunas personas, la relación de mentoría nunca termina realmente; después de todo, tú y yo hemos seguido ¿cuánto... treinta y cinco años?

Diane se rio.

—Veo a lo que te refieres.

—Para otros, la relación de mentoría tiene lugar dentro de una ventana de tiempo concreta. Cuando se logra la misión, el mentor y el alumno siguen sus caminos.

—Eso tiene sentido. Las personas cambian y crecen. Ahora puedo ver que un mentor para una fase de la vida puede que no sea la persona que se necesita en otro momento.

—Es cierto —dijo Warren—. Pero una cosa es segura, y es que todo el mundo necesita un mentor, y todo el mundo necesita recibir mentoría.

*

Josh estaba sentado en su escritorio y miraba fijamente la pantalla de su computadora con una expresión de anhelo en su cara. Podía recordar un tiempo en que aborrecía el

Un mentor para una fase de la vida puede que no sea la persona que se necesita en otro momento

trabajo que tenía delante; ahora, mientras revisaba los correos electrónicos que había en su bandeja de entrada, sentía emoción respecto a los proyectos que representaban. Mientras decidía cuál de ellos abrir primero, una línea captó su atención:

¿Relación de mentoría?

Vio por la dirección del remitente que era de alguien de la empresa, pero no reconocía el nombre. Con curiosidad, hizo clic para abrir el correo. Decía:

Apreciado Josh:

Usted no me conoce, pero creo que conoce a mi amigo, Eric Aguilar, que solía compartir un despacho con usted. Él me habló de su transición de ventas hasta su actual puesto como gerente en el departamento de comunicaciones. Me dijo que usted trabajó con un mentor que le ayudó a encontrar su pasión.

Yo estoy en el departamento de finanzas y me gusta mi puesto, pero para ser sincero con usted, no veo aquí un camino claro de carrera profesional para mí.

No quiero ser tan presuntuoso como para pensar que usted está buscando un alumno; sin embargo, está claro que ha tenido éxito en encontrar la carrera que le gusta. Eric dice que es usted una persona estupenda y que le admira mucho. Espero que pueda al menos señalarme en la dirección correcta mientras intento descifrar cómo avanzar.

Gracias por su consideración. Si esto es de su interés, por favor envíeme una respuesta o siéntase libre para llamarme al número que incluyo abajo.

Chris Singer
Ext. 2827

Después de pensarlo un momento, Josh hizo una llamada a Chris.

—Acabo de recibir su petición de mentoría —dijo después de presentarse—, y tengo interés en que nos conozcamos. Cualquier amigo de Eric no puede ser tan malo.

Chris se rio.

—¿Es eso un sí?

—Es un poco prematuro para eso. Tenemos que dar uno o dos pasos antes de saber que queremos trabajar juntos. Pero sí, me gustaría explorar la posibilidad.

—¡Muchas gracias! Es realmente amable por su parte. No sé cómo devolverle el favor.

—No tiene que devolver ningún favor; pero sí que tengo una petición.

—¿Cuál es?

—Si desarrollamos una relación de mentoría y es útil para usted, mi petición es que algún día usted haga lo mismo y...

SE CONVIERTA EN MENTOR

PARTE II

El modelo de seis pasos

ESPERAMOS que haya aprendido algunas lecciones valiosas en nuestra historia sobre la mentoría. En esta sección, vamos a recapitular los pasos de acción que hemos destacado tras ciertas secciones del libro. Esos pasos son los siguientes:

Misión

Colaboración

Red de contactos

Confianza

Oportunidad

Evaluación y renovación

Vamos a profundizar en cada uno de esos pasos para descubrir cómo y por qué funcionan.

Misión

EMPRENDA LA ACCIÓN:
Es esencial crear una visión y un propósito para su futura colaboración de mentoría.

Frase corta:
◀)) El primer paso en cualquier relación que funcione es tener una declaración de misión clara.

Cosas a recordar:

- Es importante encontrar un mentor o alumno que comparta sus valores clave.

- Acérquese a un potencial mentor o alumno con cortesía y respeto. Independientemente de cuál sea el resultado, dele gracias por su tiempo.

- Desarrollen una breve declaración de misión para establecer sus intenciones y dirigir la relación mentor-alumno.

- La mentoría añade valor a ambas partes; los alumnos también tienen conocimiento e ideas que ofrecer a los mentores.

COLABORACIÓN

EMPRENDA LA ACCIÓN:
Acuerden maneras de colaborar que funcionen para sus personalidades y horarios.

Frase corta:
🔊 Comprométanse a reunirse regularmente, al menos, incluso aunque sean reuniones virtuales.

Cosas a recordar:

- Determinen el tipo de colaboración que mejor funcione para sus personalidades. ¿Es su mentor o alumno una persona extrovertida o introvertida? ¿Es mejor establecer tiempos para reunirse con mucha antelación? ¿O prefiere correos electrónicos y llamadas improvisadas?

- Las colaboraciones de mentoría requieren la flexibilidad para participar en la comunicación digital y también el poder de las reuniones en persona cuando sea posible.

RED DE CONTACTOS

EMPRENDA LA ACCIÓN:

Amplíe su red de contactos con la de su mentor o alumno. Pero recuerde: pise con cuidado sobre la red de contactos de su compañero de mentoría.

Frase corta:

🔊 Cultivar relaciones productivas es una clave importante para el éxito.

Cosas a recordar:

- La red de contactos es una calle de dos direcciones; su mentor o alumno puede ampliar sus conexiones.

- Es esencial pisar con cuidado sobre la red de contactos de su compañero de mentoría.

- Una red de contactos no se trata tan solo de conexiones uno a uno con los contactos de su compañero de mentoría. Las conexiones uno a muchos, como las que se producen en las redes sociales, también pueden ser valiosas.

Confianza

EMPRENDA LA ACCIÓN:
Edifique y mantenga confianza con su compañero de mentoría diciendo la verdad, manteniéndose conectado, y siendo de fiar.

Frase corta:
🔊 Edificar confianza toma tiempo, y puede quedar destruida en un instante.

Cosas a recordar:

- A medida que una relación de mentoría es más profunda, también debería serlo la confianza.

- Aborde de inmediato las brechas en la comunicación, para evitar que erosionen la confianza.

- Una comunicación sincera y clara con su compañero de mentoría puede profundizar la confianza y llevar su relación al siguiente nivel.

OPORTUNIDAD

EMPRENDA LA ACCIÓN:
Cree oportunidades para que su alumno o mentor crezca.

Frase corta:
🔊 Como compañero de mentoría, tendrá acceso a oportunidades personales y de negocios que simplemente no están disponibles para quienes no son mentores o alumnos.

Cosas a recordar:

- Una colaboración de mentoría es una calle de dos direcciones; ambas partes tienen oportunidades de aportar cosas a la mesa.

- La mentoría entre generaciones, también conocida como mentoría intergeneracional, es una manera potente de crear oportunidades intercambiando conocimiento probado por el tiempo y nuevo.

- Los medios digitales hacen que las potenciales redes de contactos sean mayores que nunca, que permite más oportunidades para mentores y alumnos.

Evaluación y renovación

EMPRENDA LA ACCIÓN:
Programe un tiempo regular para evaluar el progreso y renovar su colaboración de mentoría.

Frase corta:
🔊 Nunca llegará donde quiere ir si no crea una declaración de misión; y nunca sabrá si ha llegado si no hace evaluaciones regulares.

Cosas a recordar:

- Programar una evaluación regular, una vez al año por ejemplo, mantiene en curso al mentor y al alumno.

- Asegúrese de que se producen evaluaciones incluyéndolas en su calendario cuando cree su declaración de misión.

- Si la evaluación revela que la misión no se ha logrado, hablen de nuevas estrategias para alcanzar la meta.

Cómo crear un programa de mentoría en su organización

MUCHAS empresas han descubierto que los programas formales de mentoría pueden ayudar a los empleados a ser más exitosos dentro de la organización. Estos programas internos de mentoría tienen muchos beneficios también para la empresa: empleados altamente formados, mayor colaboración, menor reemplazo de personas, y desarrollo del liderazgo, por nombrar algunos. Como resultado, los programas colectivos de mentoría están surgiendo por todas partes.

Si está interesado en ayudar a su organización a establecer un programa de mentoría, a continuación hay algunas cosas a tener en cuenta.

1. **Comience con su departamento de Recursos Humanos**. Si trabaja en una organización que es lo bastante grande para tener un departamento de RH, debería ser su primera parada para dialogar sobre

la idea. ¿Se ha pensado antes en esa idea? ¿Está dispuesto el equipo de RH a iniciar el esfuerzo? ¿Qué apoyo puede usted proporcionar a medida que se desarrolle el programa? Si puede conseguir que las personas del departamento de RH se emocionen por la idea, podrá confiar para establecer el programa en la experiencia que ellos tienen. Esto por lo general conlleva encontrar empleados que estén interesados en una colaboración de mentoría y después emparejar a las personas.

2. **Enseñe a mentores y alumnos el modelo de los seis puntos.** Muchas veces, mentores potenciales huyen de la mentoría porque piensan que no conocen lo suficiente, cuando en realidad probablemente sea cierto lo contrario. La experiencia en la vida es uno de los mejores indicadores del éxito de un mentor, y la mayoría de mentores descubren que tienen eso en abundancia. En este libro hemos tocado los elementos más esenciales de la mentoría, que están resumidos en el modelo de los seis puntos. Se incluyen:

- Crear una declaración de **misión** acordada mutuamente.

- Consolidar la relación mediante la **colaboración.**

- Aprovechar adecuadamente las conexiones de la **red de contactos** de un mentor.

- Edificar **confianza**.

- Crear y seguir **oportunidades** el uno para el otro.

- **Evaluar y renovar** la relación de mentoría regularmente.

Si enseña a los empleados a hacer estas seis cosas, estarán en camino de tener relaciones de mentoría dinámicas y poderosas.

3. **Establezca pautas esenciales**. La mentoría solo puede alcanzar su máximo potencial si se emplea un sistema regular de comprobaciones y balances. Diane y Josh desarrollaron su propio proceso, pero en un ambiente de empresa es una buena idea que todas las colaboraciones de mentoría sigan las mismas pautas generales. Establezca parámetros en torno a cosas como:

- Frecuencia de las reuniones entre mentor y alumno.

- Marcos de tiempo de la colaboración de mentoría en general.

- Fechas de evaluaciones entre mentor y alumno.

El trabajo para crear un programa formal de mentoría es una de las inversiones más inteligentes que una organización puede hacer. La mentoría no solo educa y revitaliza a las personas dentro de la organización, sino que también preserva y amplía el conocimiento empresarial crítico. Con aproximadamente diez mil personas que cumplen los sesenta y cinco años de edad cada día, un programa formal de mentoría puede ser también una buena estrategia para transmitir conocimiento y habilidades de los empleados más antiguos a los miembros más jóvenes de la fuerza laboral.

Coaching versus mentoría

Las personas a menudo están confusas con respecto a la diferencia entre *coaching* y mentoría, principalmente porque una de las funciones de un buen mentor es ser *coach* o entrenador de un protegido o alumno.

Al igual que la mentoría, el *coaching* es un proceso de uno a uno; pero la relación entre el individuo y el *coach* tiene objetivos y metas muy concretos que se enfocan en desarrollar potencial, mejorar relaciones y aumentar el desempeño.

Aunque los mentores utilizan habilidades de *coaching* para servir al alumno, la mentoría implica tareas adicionales, entre las que pueden incluirse:

- **Ser un modelo a seguir**: mostrar actividades y conductas específicas que son concretas del rol.

- **Consultoría**: compartir información sobre la industria, empresa o unidad de negocio que el mentor considera relevante para el alumno.

- **Intermediación**: presentar a individuos poderosos, influyentes y útiles en la industria u organización.

- **Abogar**: para las tareas de trabajo o el desarrollo de la carrera del alumno, ayudar al crecimiento y desarrollo del alumno.

Cualquier buen mentor utilizará un proceso de *coaching* y habilidades de *coaching* para ayudar al alumno a:

- Tener claridad con respecto a las metas generales de su carrera.

- Identificar y desarrollar cualidades de liderazgo.

- Desarrollar estructuras sensatas y rendimiento de cuentas para lograr las importantes metas de desarrollo a largo plazo (contrariamente a las de desempeño urgente).

- Entender su propio valor y necesidades.

- Aprovechar sus mejores cualidades y talentos.

Las habilidades de *coaching* son habilidades de comunicación refinadas y combinadas con una intensa orientación al servicio. Formar a mentores formales o informales en el proceso de *coaching* y en el uso de habilidades de *coaching* ha demostrado:

- Reducir la sustitución de personas

- Aumentar la innovación

- Mejorar el espíritu de equipo y la lealtad

- Aumentar la productividad

Desde el año 2000, Blanchard Coaching Services ha tenido la pasión de hacer que el *coaching* de negocios sea fácil y asumible para personas que lo quieran y lo necesiten. Para más información, por favor llame al 800.993.1600 (en Estados Unidos), +1 760.739-6967 (desde otros países), o visite www.coaching.com.

Reconocimientos

COMO dijimos en la introducción, las personas exitosas no alcanzan sus metas por sí solos. Durante el curso de nuestras vidas hemos tenido a algunos grandes mentores.

A Ken le gustaría reconocer y elogiar a algunos de sus mentores clave:

Norman Vincent Peale, por enseñarle de lo que se trataba la fe verdadera; Paul Hersey, por alentarlo a escribir; Warren Ramshaw y Don McCarthy, por guiarlo en sus estudios de posgrado; Ted y Dorothy Blanchard, por enseñarle sobre amar y servir a los demás; Sandy Blanchard, por impulsarlo a estar siempre al máximo; Scott y Debbie Blanchard, por enseñarle sobre su liderazgo y cómo puede ayudar a las personas a ganar; Paul Ryan, por empujarlo a dar su mejor esfuerzo mediante el baloncesto; Tony Robbins, por enseñarle sobre el poder de la mente y los pensamientos que ponemos en ella; Pat Lencioni, Tommy Spaulding y Jon Gordon, por estar abiertos a la experiencia y sabiduría de Ken y enseñarle en el proceso lo que ellos habían aprendido.

A Claire le gustaría reconocer y elogiar a:

Laura Selznick y Carolyn Springer, quienes la acompañaron en los primeros años de encontrar su lugar en un mundo de oportunidades; Pamela Hartigan, Sammy Ikua, Sally Osberg, Jeff Skoll y John Wood, quienes sirvieron como linternas en el camino hacia el empresariado social; Biz Stone y el equipo en Twitter, por abrir las puertas a Silicon Valley y enseñarle sobre un nuevo mundo entonces; Bob Goff, Nancy Duarte, Adam Grant, Pam Slim y Greg McKeown, por establecer ejemplos empresariales con propósito en los que apoyarse; Anne Lamott, Martha Lawrence y Don Miller, por ideas sobre escribir, cerca y lejos; Ken Blanchard, por enseñarle lo que significa servir a otros con el propio éxito; Barbara y Lance Williams, por muchas cosas, pero principalmente por los burritos.

También nos gustaría dar las gracias a nuestros editores, Henry Ferris, Martha Lawrence y Renee Broadwell; a nuestro agentes, Richard Andrews y Esther Fedorkevich; Alais L. M. Griffin, el consejo directivo de Hermanos Mayores, Hermanas Mayores de América; a Margery Allen, la asistente ejecutivo de Ken, brazo derecho y que dice la verdad; y a todos los lectores de vista aguda en el Skaneateles Country Club.

Finalmente, nos gustaría dar las gracias a nuestros cónyuges, Margie Blanchard y Jose Diaz Ortiz, por estar siempre a nuestro lado.

Acerca de los autores

KEN BLANCHARD
Pocas personas han tenido un
impacto tan duradero y positivo en la gestión cotidiana de las
personas y las compañías como
Ken Blanchard. Él es el coautor de varios libros muy exitosos, entre los que se incluyen *El*
mánager al minuto, el *best seller*
de fama internacional, *Raving Fans* y *¡A la carga!*,
los *best sellers* sobre negocios. Sus libros tienen
ventas combinadas de más de veinte millones de
ejemplares en cuarenta y dos idiomas. Ken, con
su esposa, Margie, es el confundador de The Ken
Blanchard Companies, una compañía mundial de
desarrollo de recursos humanos. Es también el
cofundador de Lead Like Jesus, una organización
sin fines de lucro que está dedicada a inspirar y
capacitar a las personas a ser líderes siervos en
el mercado. Ken y Margie viven en San Diego y
trabajan con su hijo Scott, su esposa, Madeleine,
y su hija Debbie.

Servicios disponibles

THE KEN BLANCHARD COMPANIES® se han comprometido a ayudar a los líderes y organizaciones a que lleven su desempeño a un nivel superior. Los conceptos y creencias que se presentan en este libro son solo algunas de las maneras en que Ken, su compañía y Blanchard International —una red global de clase mundial de consultores, instructores y entrenadores—, han ayudado a las organizaciones a mejorar la productividad en el lugar de trabajo, la satisfacción de los empleados y la lealtad de sus clientes alrededor del mundo.

Si desea información adicional sobre cómo aplicar estos conceptos y enfoques en su empresa, o información sobre otros servicios, programas y productos ofrecidos por Blanchard International, póngase en contacto con nosotros en:

Blanchard España
E-mail: info@blanchardspain.es
Teléfono: +34.917.938.120

Blanchard Argentina, Colombia,
Panamá y Venezuela
E-mail: info@blanchardinternacional.com
Teléfono: +57.312.516.08.37

The Ken Blanchard Companies
Sede central

E-mail: international@kenblanchard.com
Teléfono: +1.760.489.5005
Dirección: 125 State Place Escondido
California 92029 EUA
Sitio Web: www.kenblanchard.com

CLAIRE DIAZ-ORTIZ

Claire Diaz-Ortiz es autora, oradora e innovadora en tecnología, nombrada por *Fast Company* como una de las cien personas más creativas  en los negocios. Claire estuvo empleada al principio en Twitter, donde pasó cinco años y medio.

En el periodo en que Claire estuvo en Twitter, fue nombrada todo, desde «la mujer que puso al Papa en Twitter» (*Wired*), «la principal reclutadora del Pontífice en Twitter» (*The Washington Post*), una «fuerza para bien» (*Forbes*), y «una de las personas más generosas en las redes sociales» (*Fast Company*).

Claire es la autora de siete libros, entre los que se incluyen *Twitter for Good: Change the World One Tweet at a Time*, *Design Your Day: Be More Productive, Set Better Goals*, y *Live Life on Purpose*, y *Hope Runs: An American Tourist, a Kenyan Boy, a Journey of Redemption*.

Es una oradora internacional frecuente en medios sociales, negocios e innovación, y ha sido invitada a dar discursos de apertura y formación por todo el mundo. Escribe un popular blog de negocios en ClaireDiazOrtiz.com y trabaja como Influencer en LinkedIn, una de un selecto grupo de varios cientos de líderes globales escogidos para aportar contenidos originales en la plataforma LinkedIn.

Claire tiene una maestría en Administración de Empresas de la Universidad de Oxford, donde fue Erudita de la Fundación Skoll para el Emprendimiento Social, y tiene una licenciatura en Artes y una maestría de la Universidad de Stanford.

Es cofundadora de Hope Runs, una organización sin ánimo de lucro que opera en orfanatos de SIDA en Kenia.

Ha aparecido muchas veces en importantes televisiones y prensa escrita, como CNN, BBC, *Time, Newsweek, The New York Times, Good Morning America,* el *Today* show, *The Washington Post, Fortune, Forbes, Fast Company* y muchas otras.

Sepa más sobre ella en www.ClaireDiazOrtiz. com o vía @claire en Twitter.

Únase a nosotros en línea

Visite el sitio web de Ken
Sepa más sobre Ken, lea su blog y explore su biblioteca en www.kenblanchardbooks.com

Visite a Blanchard en YouTube
Vea en acción a líderes de opinión de The Ken Blanchard Companies. Conecte y suscríbase al canal de Blanchard y recibirá actualizaciones cuando se suban nuevos videos.

Únase a Ken Blanchard en Facebook
Sea parte de nuestro círculo íntimo y conecte con Ken Blanchard en Facebook. Conozca a otros seguidores de Ken y sus libros. Acceda a videos, fotos, y sea invitado a eventos especiales.

Únase a conversaciones con Ken Blanchard
El blog de Blanchard, HowWeLead.org, fue creado para inspirar el cambio positivo. Es un sitio de servicio público dedicado a temas de liderazgo que nos conectan a todos. Este sitio es imparcial y secular, y no solicita ni acepta donaciones. Es una red social, donde usted conocerá a personas que